国际电力市场建设实践与经验

GUOJI DIANLI SHICHANG JIANSHE
SHIJIAN YU JINGYAN

范孟华　杨素　张凡　编著

内 容 提 要

当前我国正处于深化电力市场建设关键时期，本书选择了美国、英国、欧盟、丹麦、德国、西班牙、日本、澳大利亚等国外典型国家和地区，基于其资源禀赋和电力工业发展特点，探究其推动电力市场化改革的历程和驱动因素，梳理其行业结构发展现状，研究分析国外电力市场的典型模式、运作机制和运行情况，总结其实践经验和存在的问题，为我国进一步深化电力市场建设提供参考和借鉴。

本书可供能源电力研究人员及国家相关政策制定者参考使用。

图书在版编目（CIP）数据

国际电力市场建设实践与经验/范孟华，杨素，张凡编著．—北京：中国电力出版社，2019.12

ISBN 978-7-5198-3834-8

Ⅰ．①国…　Ⅱ．①范…②杨…③张…　Ⅲ．①电力市场－国际市场－市场建设－研究　Ⅳ．①F407.615

中国版本图书馆 CIP 数据核字（2019）第 241842 号

出版发行：中国电力出版社
地　　址：北京市东城区北京站西街 19 号（邮政编码 100005）
网　　址：http://www.cepp.sgcc.com.cn
责任编辑：刘汝青（010-63412382）董艳荣
责任校对：黄　蓓　马　宁
装帧设计：张俊霞
责任印制：吴　迪

印　　刷：三河市航远印刷有限公司
版　　次：2019 年 12 月第一版
印　　次：2019 年 12 月北京第一次印刷
开　　本：710 毫米×1000 毫米　16 开本
印　　张：8.25
字　　数：96 千字
印　　数：0001—1500 册
定　　价：40.00 元

前言 Preface

自 20 世纪 90 年代开始，世界掀起了电力市场化改革的热潮，大多数国家陆续进行了电力市场化改革。电力市场化改革是一个不断发展和演进的过程，世界各国都在探索和建立与自身国情相适应的电力工业体制及市场化运作机制，并根据能源转型升级、经济社会发展等需要不断优化调整。

2015 年 3 月中共中央国务院发布《关于进一步深化电力体制改革的若干意见》（中发〔2015〕9 号），标志着我国新一轮的电力体制改革正式拉开帷幕。各地区结合自身实际，纷纷出台了电力市场建设方案，加快电力市场建设步伐，市场化交易电量持续增长，部分现货试点省份已启动试运行，市场效益初步显现。当前我国电力市场建设已进入实际操作阶段，电力市场总体框架和建设方向已经明确，但具体路径、市场模式选择、交易品种设计等关键问题仍不清晰，迫切需要在学习借鉴国外经验的基础上，结合我国国情进行设计。

本书作者是国网能源研究院有限公司的研究人员，作者根据实际工作中了解掌握的我国电力体制改革最新动态和面临的实际问题，选择了美国、英国、欧盟、丹麦、德国、西班牙、日本、澳大利亚等典型国家和地区，基于其资源禀赋和电力工业发展特点，探究其推动电力市场化改革的历程和驱动因素，梳理其行业结构发展现状，研究分析国外电力市场的典型模式、运作机制和运行情况，总结其实践经验和存在的问题，为我国进一步深化电力市场建设提供参考和借鉴。

本书共包括 9 章，前 8 章为典型国家和地区电力市场建设实践，第 9 章为国际经验对我国电力市场建设的启示和借鉴。书中第 2、3、9 章由范孟华主笔，第 5、6、7 章由杨素主笔，第 1、4、8 章由张凡主笔。

本书内容得到了国家电网有限公司总部有关部门及国网能源研究院有限公司有关专家的支持和指导，在此表示衷心感谢！

限于作者水平，虽然对书稿进行了反复推敲，但难免仍会存在疏漏与不足之处，恳请读者谅解并批评指正！

作　者

2019 年 10 月

Contents
目录

1 美国电力市场建设与实践

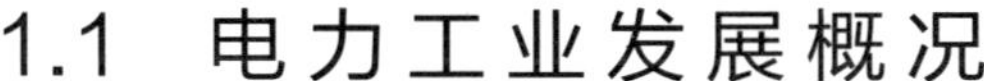

1.1 电力工业发展概况

1.1.1 电源结构

截至 2018 年 6 月，美国发电装机容量 1101.6GW。其中：天然气发电装机 459.9GW，占 41.75%；燃煤发电装机 250.4GW，占比 22.73%；水电装机 80.0GW，占 7.26%；风电装机 88.6GW，占比 8.04%；太阳能装机 45.7GW，占 4.15%；生物质、地热发电等其他可再生能源装机 16.5GW，占 1.49%；核能装机 99.6GW，占比 9.05%；抽水蓄能及其他储能电站装机 23.6GW，占 2.14%；其他装机 37.4GW，占 3.39%。

1.1.2 电网结构

美国于 1923 年采用了 230kV 输电电压，此后相继出现了 287.5kV、345kV、500kV、765kV 电压。1969 年 5 月第 1 条 765kV 线路在美国电力公司的系统中投运。由于美国电网情况较复杂，又以私营为主，因而电压等级从 110kV 到 765kV 多达 8 级。交流输电最高电压为 765kV。

美国的配电电压与输电电压一样趋向高压化。代替以往的 4kV 系统，现在以 12kV 和 13kV 系统为主体，另外还有采用 33kV、34.5kV 和

69kV 电压等级的配电系统。家用配电方式一般采用一相三线的120/240V 供电方式。

目前北美电力系统包括了美国东部、西部、得克萨斯及加拿大魁北克 4 个互联系统。美国东部、西部和得克萨斯 3 大系统之间采用非同步联系。东部电力系统和西部电力系统分别与加拿大的几个地区电力系统并网运行，西部的加利福尼亚电网和南部得克萨斯电网与墨西哥电网连接。

1.1.3 电力供需

2017 年美国发电量为 4014.8TW·h，较 2016 年（4079.1TW·h）减少 1.6%。天然气发电量继续位列第一位，达到 1272.9TW·h，占 31.7%；燃煤发电量为 1207.9TW·h，占 30.1%；核能发电量位居第三，占 20.0%；风能发电、太阳能发电、生物质发电等可再生能源发电量占 9.6%；水电机组发电量占 7.5%；其他机组发电量占 1.1%。

2017 年美国用电量为 3682.0TW·h，与 2016 年相比少了80.5TW·h。分部门来看，居民用电小幅下降，占 37.5%；商业用电小幅下降，占 36.6%；工业用电下降了 3.10%，占 25.7%；交通部门用电上升 0.36%，占总用电量的 0.2%。

1.2 电力市场化改革总体历程

1992 年美国开始进行电力市场化改革，其背景如下：一是市属公用电力公司和合作制电力公司要求民营公用电力公司（IOU）的输电线路开放，使他们在原则上可以选择供电商购买电力。二是大工业用户希望离开当前的公用电力公司，在其他地方寻找更便宜的电力。三是独立发电商也要求IOU开放输电网，并且希望直接向工业用户售电。四是受到天然气等其他产业解除管制所带来的压力。

促进美国电力市场改革的原动力，一是20世纪80年代，在管制体制下电力公司的表现不佳。20世纪70年代末期到20世纪80年代的经济状况导致许多电力公司的发电成本居高不下，这些发电装机成本被直接转嫁到了用户身上。二是建立竞争的电力市场可以带动多个曾经是垄断行业的竞争。电力市场中发电环节的自然垄断地位逐渐消失，一方面，发电行业的规模经济在20世纪80年代急剧萎缩，而新出现的小型发电商发电成本大约只有原有发电商的一半左右；另一方面，输电技术的提高使得电力在高压情况下输送的距离大大增加。用户可以根据服务水平来选择发电商，一些大的工业用户甚至通过所在州的州政府施加政治上的压力来促使可以购买相对便宜的电力。

美国的电力工业改革是以一系列法案的颁布和实施为标志进行的。美国电力工业改革的立法进程如下：

1978年，《公共事业管制政策法案》颁布，鼓励非电力公司发电厂（NUG）建设，并授予发电资格。此法案提高了电力市场发电侧的竞争性；1992年，美国出台《能源政策法案》，要求推进电力批发竞争，规定所有的电力公司必须提供输电服务；1996年，联邦能源委员会（FERC）颁布888和889号令，要求电力公司开放输电网；1999年底FERC颁布2000号令，要求建立区域输电组织（RTO），并规定了区域输电组织的必要职能；2002年FERC以PJM（宾西法尼亚-新泽西-马里兰联合电力市场）电力市场模式为基准在区域输电组织（RTO）中推行了标准市场模式（SMD）和输电服务规则，然而许多州对此提出了强烈的意见，FERC慎重考虑了这些意见，认为自愿组建RTO的行为并采用适应各区域特点的市场模式，将更适合市场的发展方向；因此2005年7

月 19 日，FREC 宣布终止“标准市场及开放输电服务有关建议”的执行，鼓励以自愿方式形成 RTO；最近，FERC 批准了另一种形式的输电组织，即独立输电网协调组织（ICT），ICT 仅负责输电网的运行，而不负责电力市场的运行。

1.3 电力行业结构现状

美国对电力行业实行联邦和州两级监管机制。在联邦层面，美国能源部（DOE）负责制定和实施国家综合能源战略和政策；联邦能源监管委员会（FERC）主要负责跨区输电以及批发电力市场的监管，并根据 2005 年的《能源法》被授权决定跨区输电线路的建设审批；此外，还有美国核监管委员会（主要负责监管核电站及核燃料的安全）和美国环保署（主要监测发电厂的污染排放）。在州层面，各州政府对各州的电力政策、电力市场改革具有很大的自主权。州公用事业委员会（PUC）负责监管当地配电以及电力终端用户价格制定。

由于美国各州的政治独立性比较强，各州对电力改革具有很强的自主性，所以各州电力体制改革状况并不相同。改革前，各州电力公司就存在着多种模式，既有发电、输电、配电垂直一体化的公司，也有主要负责地区配电和供电的供电公司，还存在独立发电公司。改革后，一些州要求垂直一体化公司将发电卖出，将系统调度权移交给独立系统运行机构，如加州；一些州则仅要求将系统运行和调度权交给区域输电组织，其他业务仍保持在一个公司内部，分环节独立核算，如 PJM 电力市场所辖的一些州，仍然存在发电、输电、配电、售电垂直一体化的电力公司，例如埃克森（Exelon）电力及天然气公司（EE&G）。EE&G 是 2005 年由埃克森公司与 PSEG（公共服务与公共事业集团）合并而成的公司，该公司在宾夕法尼亚州、伊利诺伊州、新泽西州、密歇根州等地区同时拥有发电、输电、配电、售电业务；其中发电参与 PJM 电力市场的竞价；输电、配电则在PJMRTO的控制之下，由政府进行监管；售电业务占所在地区的 85%。

在调度方面，由于输电资产分散，难以强迫私营企业进行输电业务的集中整合，美国选择成立独立系统运行机构（ISO 或 RTO）的方式，将相邻区域内所有输电线路的调度管理权集中授权给独立的区域调度机构，以保障系统运行安全和促进更大范围的交易。目前RTO与ISO基本类似，主要负责区域输电网的规划、运行、调度以及区域电力市场运营，保持输电网的可靠性。

1.4 电力市场模式与运行情况

1.4.1 总体概况

1. 批发市场方面

目前美国已经形成的有组织的电力市场的区域包括新英格兰 ISO（ISO-NE）、纽约 ISO（NYISO）、PJM RTO、西南部 RTO（SPP）、得克萨斯 ISO（ERCOT）、加州 ISO（CAISO）和中西部 ISO（MISO）7 个区域，相应建立了 7 个区域批发电力市场。此外，还有西北部、东南部和西南部 3 个尚未形成有组织的区域电力市场。在所有的区域内，目前都存在短期的双边电力交易。主要是日前双边交易，用以满足下一天的负荷需求。在有组织的电力市场区域内，则存在着日前市场和实时市场。所有的ISO和RTO都不组织长期电力交易市场，所有的长期交易均以双边合同形式实现。

2. 零售市场方面

目前美国有 17 个州和哥伦比亚特区放开售电侧市场，赋予终端用户自由购电选择权，分别为东北部地区的纽约、罗德岛、康涅狄格、新罕布什尔、马萨诸赛、缅因 6 个州，中亚特兰大地区的宾西法尼亚、新泽西、特拉华、马里兰、哥伦比亚特区 5 个州，中西部地区的伊利诺伊、俄亥俄、密歇根 3 个州，西部地区的蒙大拿、加利福尼亚、俄勒冈 3 个州，以及得克萨斯州。根据国际能源署（IEA）调查数据显示，各州居民用户更换供电商的比例普遍不高，主要是工业和商业用户进行购电选择。

1.4.2 PJM 电力市场模式

PJM 电力市场成立于 1927 年，目前范围覆盖德拉瓦州、伊利诺伊州、印第安纳州、肯塔基州、马里兰州、密歇根州、新泽西州、北卡罗来纳州、俄亥俄州、宾夕法尼亚州、田纳西州、弗吉尼亚州、西弗吉尼亚州和哥伦比亚特区。目前，PJM 电力市场的电能交易主要包括日前市场、实时平衡市场、次日及以上电能交易。其中日前市场和实时平衡市场属于现货市场，由 PJM 电力市场集中进行组织；次日及以上电能交易主要采取双边交易方式。PJM 电力市场承担双边交易之外的所有结算服务，从使用市场服务的成员收取费用，并向提供服务的成员支付费用。

1. 日前市场

日前市场是根据下一个运行日的发电报价、负荷报价、增减出力报价以及双边合同等信息计算次日每小时出清价格的远期市场。根据 2016 年 7 月发布的 PJM 电力市场操作手册，日前市场的运作流程如下：

（1）10:30——日前市场报价结束。PJM 电力市场开始运行日前市场出清软件来计算日前市场每小时的机组组合和节点边际电价。这是第一轮机组组合计算，计算过程中考虑满足固定负荷需求、价格敏感型负荷报价、负荷减出力报价以及 PJM 电力市场日前备用需求约束，以考虑电能和备用的总体发电成本最小化为目标函数进行优化。这个优化过程也会考虑提交给日前市场的双边交易计划和外部电源报价。

（2）13:30——公布第一轮计算结果。PJM 电力市场根据第一轮机组组合计算的结果公布日前每小时调度计划和节点边际电价。

（3）公布结果后到 14:15——开放平衡市场报价。第一轮机组组合中未中标的市场主体可以再次提交报价。但对于在日前市场中对机组进行自计划的市场主体，在二次报价阶段不能更改机组的状态。

（4）14:15——平衡市场报价结束。PJM 电力市场结合更新后的市场报价、机组可用性信息、负荷预测信息等，进行第二次机组组合。此次机组组合主要关注可靠性，目标函数是使启动成本和新增负荷成本最小化。

（5）14:15 到运行日——PJM 电力市场基于更新的负荷预测和机组可用性信息，根据需要进行额外的机组组合计算。PJM 电力市场会根据需要给特定机组个别发送更新的调度计划。

2. 实时平衡市场

当实际负荷与预测负荷出现偏差或发电机因某种原因达不到投标结果确定的出力时，为保持发电机出力和系统负荷的实时平衡，必须设立实时平衡市场。PJM 电力市场的实时平衡市场是在考虑系统安全约束条件下的经济调度。在实时平衡市场中，运行日实时出清每 5min 的节点边际电价（LMP）、机组电能计划和负荷计划及每小时出清辅助服务计划；每 5min LMP 加权平均为每小时的实时 LMP，以此为基础进行实时平衡市场的结算。PJM 电力市场能量市场允许市场成员申报零价格或申明自己是价格接受者，这种情况表明市场成员愿意接受市场出清价。PJM 电力市场实时平衡市场的出清计算包括以下模块：

（1）辅助服务优化（Ancillary Service Optimizer，ASO）：对电能、备用和调节需求进行联合优化。该模块提前 1h 形成一个基于时间间隔的解，并进行调节市场的三寡头测试。该模块并不计算市场出清价格，其主要功能是为下一个小时中所有可参与调节或提供备用的资源进行机组组合。

（2）中期安全约束的经济调度（Intermediate Term Security Constrained Economic Dispatch，IT SCED）：此模块用于提前 1～2h 的计算，主要功能是为实时调度计算能量调度轨迹、进行电能和备用电源的机组组合、执行电能市场的三寡头测试、预测备用短缺。

（3）实时考虑安全约束的经济调度（Real-Time Security Constrained Economic Dispatch，RT SCED）：对电能和备用进行在线联合优化，对系统资源进行实时调度以保证供需平衡。

3. 次日及以上电能交易

PJM 电力市场的次日及以上电能交易一般为年度和多年的双边交易及自调度计划，其中双边交易是指发电方和购电方达成的中长期交易合约，形成电量曲线报送 PJM 电力市场，买卖双方通过双边交易提前锁定电量和电价，可以规避电价波动的风险。自调度是指用户自己拥有电厂，且仅用于自发自用的行为，同样需要将发用电曲线报送 PJM 电力市场，用于优化调度的需要。

PJM 电力市场中的双边合约仅有结算意义，并不具有物理交割意义。交易双方将双边交易合约提交 PJM 电力市场，PJM 电力市场将该合约视为金融合约，在实时市场上根据市场成员的报价和供需关系计算出清价格和电量；发电商（或负荷服务商）实际售电量（或购电量）与合约电量的差额部分（不平衡电量）按照市场实时价格进行结算，阻塞和网损费用由买方（负荷服务商）支付，交易双方自行对双边交易合同电费进行结算。

4. 电能市场价格机制

PJM 电力市场采用节点边际价格机制（Locational Marginal Price，LMP），这是一种以电网中特定节点上新增单位负荷所产生的新增供电成本为基础核定电价的方法。LMP 主要由系统电能价格、输电阻塞价格和网损价格三部分组成。其中，系统电能价格在所有节点具有相同的数值；不同节点的 LMP 价差决定了各节点之间的输电阻塞价格；网损价格由引起网损的市场主体支付，无法分清责任的情况下由所有用户平摊。

PJM 电力市场的日前市场和实时平衡市场采用双结算系统。日前市场出清结果用于结算，实时市场出清结果用于结算和调度执行。实时调度计划与日前市场出清结果无直接关系。

市场成员的收益＝日前计划电量×日前市场节点边际电价＋
（实时计划电量－日前计划电量）×
实时市场节点边际电价

为增加市场流动性、弥合日前市场和实时市场的价格偏差，在日前市场中，PJM 电力市场还允许不拥有发电或负荷资源的电力交易商进行虚拟报价。若电力交易商预期日前市场价格高于实时市场价格，则以高价在日前市场售电，再以低价在实时市场买入相同数值的电量；若电力交易商预期日前市场价格低于实时市场，则以低价在日前市场购电，再以高价在实时市场售出相同数值的电量。

5. 其他交易品种

（1）辅助服务市场：PJM 辅助服务市场包括日前 30min 备用市场、调频服务市场、10min 旋备市场和 10min 非旋备市场，无功电压服务和黑启动服务也由PJM电力市场统一进行采购。日前30min备用市场与日前电能市场联合出清，采用统一市场出清电价。调频服务市场、10min旋备市场和10min非旋备市场每小时出清，采用安全约束经济调度工具联合出清电能与辅助服务,辅助服务价格则由每5min的事后节点边际电价（LMP）计算得出，其中调频市场采用统一市场出清电价，10min旋备市场和10min非旋备市场采用分区统一出清电价。依据售电公司最大负荷占总负荷比例，以及各市场成员实时计划与日前计划的偏差大小分摊各种辅助服务费用。与电能市场类似，售电公司可以采用现货市场、自计划和双边交易等方式履行辅助服务义务，辅助服务双边交易合同同样不作为调度运行的依据，仅用于事后结算，规避辅助服务价格波动风险。

（2）容量市场：容量市场（Capacity Market）为供电企业确保电力系统的可靠性提供了容量买卖的机会。容量市场包括提前一个月和提前一天两种类型。市场采用买卖双方报价、按供需匹配的方法进行交易。PJM容量市场使得供电商能够平等地参与到零售市场中，终端用户也可以自由选择供电企业直接进行交易，因此，几乎所有电力供应商的终端用户数目和负荷大小都是动态的。在PJM市场中，发电机组容量参与容量市场主要有两个途径，一是参与提前3年的基本容量拍卖，供电商在这个市场中购买3年后的发电容量以保证电力供应。二是在3年间PJM会组织增量容量拍卖，对于因供需变化带来的容量需求变化，均在此市场中进行交易。可参与容量交易的机组主要包括以下几类：

1）发电机组容量，PJM调度区域内和其他区域的机组均可参与拍卖。

2）需求侧响应资源。

3）输电升级改造增容资源。

（3）金融输电权市场：金融输电权（FRT）是PJM电力市场引入的

一种金融工具，可以看做以潮流阻塞为交易标的的期货产品，一般采用拍卖的形式，中标者根据中标线路的阻塞严重程度获取利润。线路阻塞会影响 PJM 市场中节点电价的水平，当线路阻塞较为严重时，市场成员面临着阻塞成本波动风险，交易价格存在较大的不确定性。为平抑这种市场波动，PJM 引入金融输电权工具，为参与交易的市场成员提供了线路阻塞的价格信号，从而引导参与交易的主体规避阻塞，进而实现输电总成本最低。金融输电权共有 3 种获得方式，分别为每年举行一次的集中拍卖、二级市场中的双边交易及月度举行的剩余输电权集中交易。与其他期货产品相似，金融输电权所有者可能获益也可能亏损，基本原则为当潮流阻塞方向与持有的输电权方向相同时，金融输电权的持有者获利；当潮流阻塞方向与持有的输电权方向相反时，输电权持有者亏损。同时，金融输电权还包括期权产品，与一般商品的期权相似，当阻塞方向与输电权方向相同时，期权持有者可以行权，兑现利润；但当方向相反时，由于未达到行权要求，则期权持有者不会亏损，同时也无法获利。

1.4.3 ERCOT 电力市场模式

得克萨斯电网是北美三大独立电力系统之一。该电网由得克萨斯州电力可靠性委员会（Electric Reliability Council of Texas，ERCOT）进行调度运行管理，故该电网称为 ERCOT 电网。得克萨斯 ERCOT 电力市场主要由以下几个主体构成：一是独立系统运行机构（ISO），负责系统调度，组织辅助服务市场，以及其他收集数据、提供市场信息等职能；二是授权计划实体（QSE），它是 ERCOT 电力市场中独有的机构，主要负责匹配及促成发电公司和零售商间的电力交易；三是电力市场交易商（PM），主要进行批发买卖电力；四是负荷服务实体（LSE），包括竞争性的零售商和非竞争性的零售电力提供者；五是用户集结者，它是两个及以上的用户集结为单一的购买体向LSE购电；六是输配电服务提供者（TSPC），它为 ERCOT 系统提供输配电服务并收取相应的费用。

得克萨斯电力市场设计初期采用区域电价模式，并根据几个主要的输电断面将 ERCOT 分成 4 个阻塞管理区域。为更加有效地解决电网阻塞问题、形成更加有效的价格信号，2003 年 ERCOT 开始设计节点市场（Nodal Market）。2010 年，基于节点电价模式的电力市场正式投入运营。得克萨斯 ERCOT 电力市场目前主要包括日前市场、实时市场、可靠性机组组合市场和金融输电权市场。得克萨斯 ERCOT 目前暂未开展容量市场。

（1）日前市场：日前市场主要完成提前一天的交易计划安排。得克萨斯的日前市场对电能市场和辅助服务市场进行联合优化，以各市场综合购买费用最低为优化目标。其中辅助服务主要包括：上调频和下调频容量（Regulation Up and Down）、响应（事故）备用（Responsive Reserve）和非旋转备用（Non-Spinning）。

（2）实时市场：实时市场主要完成实时计划调整，通过考虑安全约束的经济调度（SCED）进行优化。ERCOT 实时市场的运行周期为每五分钟一次，对发电机组下达调度指令。同时，能量管理系统（EMS）的负荷频率控制模块（Load Frequency Control）每四秒运行一次，调用系统调频备用容量，进行发用电平衡来纠正频率偏差。

（3）可靠性机组组合市场：可靠性机组组合市场中形成的开停机计划是经过系统安全校核后的最优方案。该市场的作用是保证系统有足够的容量来满足第二天的负荷预测需求，用来弥补日前市场和实时市场之间的缺口。ERCOT 可靠性机组组合市场主要包括日前和小时前市场。

（4）金融输电权市场：在 ERCOT 市场中，金融输电权分为点对点输电权和关口输电权。点对点输电权适用于在两节点之间的送电，根据负荷输入和流出的节点，确定输电权的成本和收益；关口输电权适用于当机组由辐射状线路接入电网时的阻塞管理，目前仅在特定的联络线上使用。

2 英国电力市场建设与实践

2.1 电力工业发展概况

2.1.1 电源结构

根据英国商业、能源和工业战略部（Department for Business，Energy & Industrial Strategy）发布的统计报告《Digest of UK Energy Statistics. 2018》，截至2017年12月底，英国发电装机容量为81.3GW，较2016年的78.2GW上升了4.0%。其中：热电装机容量为16.3GW，燃气-蒸汽联合循环装机容量为32.9GW，核电装机容量为9.4GW，燃气轮机装机容量为 1.7GW，水电装机容量为 1.6GW，抽水蓄能装机容量为2.7GW，风力发电装机容量为8.5GW，太阳能发电装机容量为2.2GW，其他可再生能源发电装机容量为6.0GW。

2017 年英国装机容量的上升主要是由于风电与光伏等可再生能源发电容量的快速增长，其中风电装机容量增加了1574MW，太阳能装机容量增加了147MW。

2.1.2 电网结构

英国输电网主要由400kV和275kV电压等级电网构成。英国国家电网公司（NGC）拥有英格兰和威尔士地区的输电网络，包括 7200km 架空输电线、1500km 地下电缆和 342 座变电站。苏格兰地区的输电网络由苏格兰电力和苏格兰水电公司负责。英国配电网主要由 132kV 及其以下电压等级电网构成，包括 14 个配电网地区，由 6 大配电网集团公司运营。

英国目前约有 4GW 跨国输电容量，其中 2GW 连接法国，1GW 连接荷兰，两条 500MW 线路连接爱尔兰。正在建设及规划建设的跨国输电线路共有 7 条，其中，与法国联网的输电线路有 3 条，与比利时、挪威、丹麦和爱尔兰联网的输电线路各有 1 条。英国跨国输电线路概况如表 2-1 所示。

表 2-1　　英国跨国输电线路概况

线路名称	连接的国家	容量（MW）	投运或预期投运时间（年）
IFA	法国	2000	1986
Moyle	爱尔兰	500	2002
BritNed	荷兰	1000	2011
EWIC	爱尔兰	500	2012
ElecLink	法国	1000	2019
NEMO	比利时	1000	2019
NSN	挪威	1400	2020
FAB Link	法国	1400	2022
IFA2	法国	1000	2020
Viking	丹麦	1400	2022
Greenlink	爱尔兰	500	2021

2.1.3　电力供需

2017 年，英国总发电量持续下降，由 2016 年的 339TW·h 下降为 336TW·h，这主要是由于气候相对温和及英国实施改进能效举措的影响。如图 2-1 所示，在过去的几年中，英国电源结构更加清洁化，燃煤机组的发电量占比由 2012 年的 143TW •h 下降到 2017 年的 22.6TW •h；燃气机组发电量由 100TW • h 上升至 133TW • h；核电发电量基本保持平稳，从 71.7TW •h 下降至 70.3TW •h。2017 年总发电量中，煤电发电量占比 6.7%，燃气发电量占比 40%，核电发电量占比 21%，可再生能源发电量占比 29%，其他电源发电量占比 3.3%。

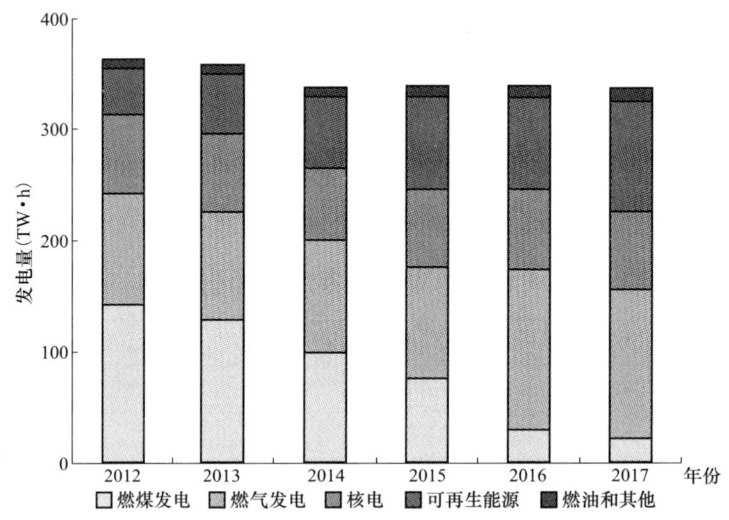

图 2-1　近年来英国发电结构变化趋势

数据来源：英国商业、能源和工业战略部《Energy Trends March 2018》。

2017 年，由于与法国的联络线发生故障，英国净进口电量比 2016 年同比下降 15.6%，达到 14.8TW • h，其中法国占 52%，荷兰占 39%，爱尔兰占 9%。

2017 年英国终端电能消费 298TW •h，同比下降 1.9%，其中居民用电量下降 2.6%，为 105.1TW • h；工业用电下降 0.3%，为 91.5TW • h；商业用电下降 2.5%，为 101.4TW • h。2016 年和 2017 年英国用电量变化情况如图 2-2 所示。

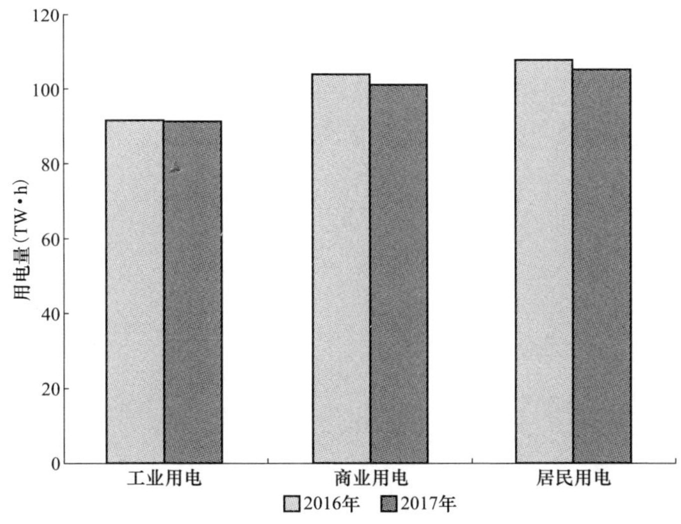

图 2-2　2016 年和 2017 年英国用电量变化情况

数据来源：英国商业、能源和工业战略部《EnergyTrends March 2018》。

2.2　电力市场化改革总体历程

英国是最早实行电力市场化改革的国家，也是破碎式改革模式的典型代表。1989 年，英国对原有中央发电局资产实施厂网分开和私有化重组，同时建立了竞争市场，并在后续的 20 多年中不断总结和调整改革模式。市场模式经历了从集中竞价（POOL）到双边交易（NETA、BETTA）的转变；市场主体经历了从各环节独立到发电、配电、售电环节重新一体化重组的过程。

2.2.1　改革前的电力行业概况

1947 年，英国政府颁布了《1947 年电力法》(Electricity Act 1947)，对电力产业实行国有化改造。按照这一法律，组建了英国电力管理局（British Electricity Authority，BEA)，作为一个公共企业负责电力生产和大批量电力供应；并建立了14个地区电力局（其中包括两个南苏格兰地区电力局），负责本地区的电力分销活动；北苏格兰地区独立于BEA的管辖范围之外，由北苏格兰水电局负责管理。国有化改革后，英国的电力产业成为了典型的政府垄断下的垂直一体化产业。

1954年，英国政府颁布了《电力重组法案》(Electricity Reorganization Act，1954)。根据这一法案，英国电力管理局变更为中央电力管理局(Central Electricity Authority)，经营着英格兰、威尔士的电力生产和高压输电系统，垄断了电力批发市场；各地区电力局负责低压配电系统和向居民供电，垄断了电力零售市场；原有的两个南苏格兰电力局合并为南苏格兰电力局。

1957年，英国政府颁布了《1957年电力法》（Electricity Act 1957），由国有化的中央发电局（Central Electric Generation Bureau，CEGB）统管英格兰和威尔士的发电、输电、配电业务，实行垄断经营，下属12个地区供电局，按照所划分的区域进行供电。另有一个协调组织——电气委员会（Electricity Council），负责电力政策和法规的制定及相关事务的处理。在苏格兰和北爱尔兰，也有类似的垄断机构，如苏格兰发电局。这种垄断式管理模式的特点是对发电机组以最低成本为目标实行统一调度；对输配电系统实行中央计划投资，统一建设、运行和维护；电价包括电力系统的实际成本和一定比例的附加费，附加费比例由政府主管部门统一制定。这种垄断式管理模式的最大缺点是电力工业缺乏活力、能源利用效率低、劳动生产率难以提高。

2.2.2 改革第一阶段：行业结构重组和私有化改造、电力库（POOL）模式建立

1989年，英国议会通过了《1989年电力法》，开始了英国的电力市

场化改革。电力改革方案是开放发电市场，引入竞争机制，引进外资和重组，改革的主要特点是行业重组、私有化以及竞争市场建设同步进行，同时成立了电力监管办公室，对电力工业依法进行监管。

1. 行业结构重组和私有化改造

根据《1989年电力法》，在英格兰和威尔士，原中央发电局拆分为3个发电公司和一个输电公司，3个发电公司分别是国家电力公司、电能公司和核电公司，输电公司是英国国家电网公司；然后逐步私有化和上市，将分拆后的公司和原有的12个地方电力局逐步实施私有化。

南苏格兰电力局和北苏格兰水电局在民营化后股份全部售出，成立了苏格兰电力公司和苏格兰水电公司，统一经营发电、输电、配电、售电业务，各部门独立核算。北爱尔兰电气服务部在1992年私有化中将所属4个发电厂出售，同时成立了北爱尔兰电网公司，经营输电、配电和零售业务。北爱尔兰电网公司在1993年变成股份制公司。

私有化以后，原来的英国电气委员会也被撤销，其职能由新成立的电气协会承担。电气协会是一个电力企业的横向组织，它的任务是向会员公司提供信息和技术服务，以及提供交流意见的场所。

在行业重组和私有化过程中，有3点值得注意：一是改革主要集中在英格兰和威尔士地区，苏格兰仍保持垂直一体化的行业结构，1989年苏格兰实施私有化改革，成立了苏格兰水电和苏格兰电力公司；二是在改革之初，虽然英国政府将输电环节与配电环节分开，但仍然在股权结构方面将两者联系起来，12个地区配电公司共同持有国家电网公司的股份，1995年上市出售股份；三是在私有化初期，英国政府对12家配电公司持有一股所谓的“金股”（Golden Share），即对重大事项享有一票否决权，以保护这些公司不会马上被其他公司兼并，直至1995年取消。

2. 电力库（POOL）模式建立

在进行电力重组的同时，英国电力工业开始实行市场机制，建立了竞争性的电力库（POOL）。英国的POOL模式实质上是一种复杂的交易机制，是提前一天确定的电力现货交易市场。电力输出超过50MW的电厂必须持有发电许可证，通过电力库进行公开交易（直供除外），并通过电力库形成竞争价格。供电公司、批发商、零售商及用户（除直供用户之外）也必须通过电力库来购买电力。电力库实际上承担着单一购买的任务。在POOL模式下，建立了一个电力市场交易机构，即电力联合运营中心（Power Pool或Pool），由国家电网公司负责运行。

通过电力库实现发电和负荷在合理价格下达到供求平衡，这是通过POOL的3个主要职能来实现的，即对发电机组择优排序、对容量及各种辅助服务定价和确保足够的发电容量以保证系统的安全运行。POOL下的竞价机制主要包括联合系统定价和合同定价。电力库模式的主要特点是：

（1）强制成员制。向电网输出电力超过50MW的电厂、供电公司、批发商、零售商及用户必须通过电力库来买卖电力。

（2）市场竞争采用全电量竞价模式。电力库是提前一天的电力现货日前交易市场，要求所有市场成员只能通过电力库买卖电力，从而形成全部电量都参与竞价的市场。

（3）竞价和系统边际价格的复杂性。每台机组的竞价包括5个主要的基本元素，这些元素一般用于构建热电机组的费用曲线，但是，机组的竞价没有必要代表机组的实际发电费用。系统的边际价格由为满足所预测的负荷水平而计划发电机组中最贵机组的竞价决定。系统边际价格的制定方法复杂而且透明度低。

（4）市场成员通过差价合约来避免价格波动的影响。在Pool模式运行的后期，由于差价合同的存在，发电商已没有积极性按规则竞价，所以市场中报价的随意性大大增加。

（5）价格制定缺乏有效竞争和需求侧的参与。在电力库中，所有供电商都按照市场边际价格购买电力，供电商是电力价格的接受者，而不能作为买方参与价格制定的竞争过程，使电力库在定价过程中缺少需求侧的参与，价格容易被发电商操纵。

2.2.3 改革第二阶段：新电力交易制度（NETA）建立

由于强制电力库存在定价机制不合理、市场操作力等问题，英国电力市场在经历了私有化过程及建立 POOL 模式的市场结构 10 年后，又在新的《公用事业法案 2000》指导下实施了巨大的改革。该法案在 2000 年 7 月 28 日得到议会批准，有效改变了电力市场的框架和工业结构，表现在设立了新的管理机构 OFGEM 和新的用户组织 Energy watch；建立了新的电力交易机制 NETA；引入了新的经营执照标准，重新规定了所有市场参与者的责任、权利和义务。

新的电力交易机制 NETA 于 2001 年 3 月 27 日开始实施。在英国电力市场（仅包括英格兰和威尔士），以双边合同为主的 NETA 模式完全取代了集中交易的 POOL 模式。双边交易可通过面对面的方式或在任意一个电力交易中心（PX）中进行，交易的数量、方式、时间、地点非常灵活方便。NETA 模式还包括平衡市场和不平衡结算机制。在设计方面，NETA 模式引入了以下几个方面的特点：

（1）建立了有负荷侧参与的双边市场。

（2）市场参与者的输入或输出电量是确定的，以便降低和有效地分摊成本及风险。

（3）报价简单，提高市场透明度，促进交易。

（4）NETA 的核心是双边合同，而不是市场调度机构统一管理的集中竞价市场，这在某种程度上增大发电商的竞争压力和负荷侧对市场的响应。

（5）市场监管简单，可以针对市场变化做出快速响应。

（6）集中安排平衡和结算服务，以降低维护系统平衡的成本。

2.2.4 改革第三阶段：BETTA 模式建立

1990 年以来的改革，主要是在英格兰和威尔士地区，苏格兰和北爱尔兰地区没有建立竞争性的电力市场。2005 年 4 月开始，英国政府决定将 NETA 模式推广到苏格兰地区乃至全国，称 BETTA 计划。BETTA 的主要特点是：

（1）在全国范围内建立统一的竞争性电力市场，统一电力贸易、平衡和结算系统。

（2）实现全国电力系统的统一运营，由国家电网公司（NGET）负责全国电力系统的平衡，保障供电质量和系统安全。

苏格兰原有两个电力公司保持输电资产所有权。

2.2.5 以低碳为核心的新一轮电力市场化改革

近年来，随着北海油气资源的逐渐消耗，从 2004 年起，英国结束了能源自给自足的局面，开始成为能源净进口国（2011 年能源对外依存度为 36%），保持能源供应安全的压力开始显现。此外，由于碳排放目标的压力，使得英国需要在未来的 20 年中将其碳强度快速下降，随着《大型火电机组法令》和《工业排放法令》的实施，意味着大量的燃煤和燃油机组都将关闭，取而代之的是可再生能源机组和其他运行灵活的低碳机组。这些低碳技术都将是高成本或者具有明显的出力间歇性（例如可再生能源），需要通过充足的电网备用、先进的需求侧管理机制、储能及电网基础设施的升级改造支撑其发展。英国原有的市场机制不能满足未来发展需要，需要对市场模式或机制进行变革。

为了应对这些挑战，英国能源部制定了低碳减排路径，提出需要建立与低碳发展相适应的电力市场机制。2011 年 7 月，英国能源部正式发布了《电力市场化改革白皮书（2011）》，开始酝酿以促进低碳电力发展为核心的新一轮电力市场化改革。英国新一轮改革将以保障供电安全、实现能源脱碳化及电力用户负担成本最小为目标，改革主要内容包括：

（1）对低碳能源实行政府定价、以差价合约参与市场的机制。由英国政府确定各类低碳电源的合同价格（strike price）并设立相应机构，与发电商签订差价合同，确保低碳能源在参与市场竞争中仍能以合同价格获得收入；同时与售电商签订售电合同，按售电量收取低碳费以分摊对发电商补贴而产生的成本支出额。

（2）建立容量市场促进电源投资。在政府授权下，英国国家电网公司将对未来电力需求做出评估并组织容量拍卖，新建和已有电源、需求侧资源、储能设施均可参加，由英国国家电网公司代表售电商收购容量，中标者需保证按时足额发电。

（3）设立碳排放性能标准和碳底价保证机制。将新建化石燃料电厂的二氧化碳排放标准限制为 450g/（kW・h），并引入“碳底价保证机制（Carbon Price Floor）”。“碳底价保证机制”的正式实施时间为 2013 年，英国政府为碳交易设定每吨 15.7 英镑的底价，而到 2020 年这个数字将增至 30 英镑，2030 年进一步增至 70 英镑。

2.3 电力行业结构现状

经过 20 多年的不断并购、重组，改革初期进行破碎式结构拆分的电力行业结构重新出现了一体化并购趋势，目前英国由六家发售（或发配售、发输配售）一体化电力集团（称为“六大电力集团”）在电力市场中占据主导地位。英国六大电力集团概况如表 2-2 所示。

表 2-2　　英国六大电力集团概况

六大电力集团	母公司名称	母公司国别	企业结构	售电市场份额（%）
英国燃气（British Gas）	Centrica	英国	发售一体	22
意昂公司（E.ON）	E.ON	德国	发售一体	14
EDF 能源公司（EDF Energy）	EDF	法国	发售一体	12
NPOWER 公司	RWE 集团旗下的 Innogy SE 公司	德国	发配售一体	9
苏格兰电力公司	Iberdrola	西班牙	发输配售一体	11
苏格兰水电公司	SSE Group	英国	发输配售一体	15

数据来源：英国监管机构 OFGEM 网站，数据截止到 2017 年第一季度。

2.3.1　发电环节

目前有 30 多家独立发电公司和 7 大发电集团，包括经营核电的英国能源（British Energy）公司，以及六大电力集团。发电量排序前 6 位的公司发电量占英国总发电量 70%以上。

2.3.2　输电环节

输电环节共有英国国家电网公司、苏格兰电力公司、苏格兰水电公司 3 家输电企业，分别拥有英格兰和威尔士、苏格兰南部地区、苏格兰北部及群岛地区输电网。

2.3.3　配电环节

改革之初形成的 14 家配电公司（包括英格兰和威尔士地区 12 个、

苏格兰地区 2 个）逐步合并成 6 家配电集团公司（如表 2-3 所示），这些企业拥有并运行配电网资产，负责将电能从输电网配送到用户。

表 2-3　　英国主要的配电集团公司

配电集团公司	所辖的配电网公司
西北电力公司	—
北部电网公司	北部电网（东北）公司
	北部电网（约克郡）公司
英国能源网公司	伦敦电网公司
	东南电网公司
	东部电网公司
西部配电网公司	西部配电网（东米德兰）公司
	西部配电网（西米德兰）公司
	西部配电网（西南）公司
	西部配电网（南威尔士）公司
SP 能源网公司	SP 配电网公司
	SP Manweb 公司
苏格兰和南部电网公司	苏格兰水电配电网公司
	南部配电网公司

2.3.4　售电环节

英国有售电公司 20 多个，但是市场主要由六大电力集团分割，总市场份额占 83%。

2.3.5　调度环节

如图 2-3 所示，英国的电力调度体系共分两级，输电网和配电网各设一级调度机构，分别称为英国电力系统运营机构（System Operator，SO）和配电网运营机构（Distribution Network Operators，DNOs）。

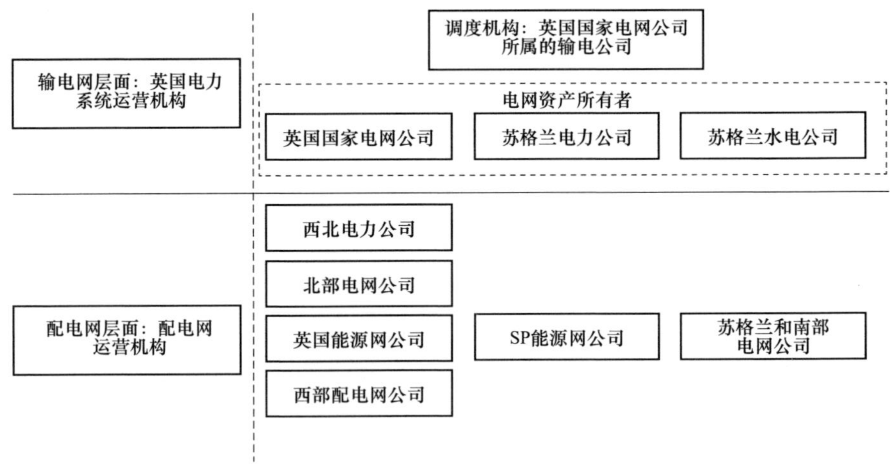

图 2-3　英国调度管理体系现状

其中，整个英国的输电系统实施统一调度，调度职责由英国国家电网公司所属的输电公司（National Grid Electricity Transmission，NGET）承担，主要负责保持电力系统的实时供需平衡和可靠供应、确保系统安全稳定性、向市场主体发布信息等。

配电网调度由各配电网运营机构分别负责，在各自调度管辖范围内负责设备的安全监控、停复役操作（包括事故处理）、检修维护安排（包括抢修）等业务。

2.3.6　交易机构

目前英国实行以双边交易为主、集中交易为辅的模式。主要的电力交易所是隶属于 APX-ENDEX 的英国电力交易所（APX Power UK），此外还有建立于 2010 年 1 月的 N2EX 市场（N2EX 并不是一个真正的法律实体，而是 NASDAQ OMX 和北欧电力现货交易所有限公司所运营的英国能源市场的名称）。买卖双方可在这些交易所进行电能或其相关产品的交易。英国电力市场管理公司（Elexon）负责交易中的平衡与结算工作。

2.3.7 政府监管机构

英国的政府监管机构主要包括以下 4 个部门：

（1）能源气候部（Department of Energy and Climate Change，DECC），该部门是能源宏观政策的制定部门（DECC 自 2016 年 7 月起归属于英国商业、能源和工业战略部）。

（2）天然气与电力市场监管办公室（Office of Gas and Electricity Markets，Ofgem），该部门是英国电力监管部门，独立于政府，受议会监督，同时监管天然气和电力两个市场，主要监管手段是价格监控。

（3）公平交易办公室（Office of Fair Trading，OFT），该部门主要依据反垄断法、竞争法及公平交易法对操纵市场、企业并购等行为进行监管。

（4）竞争委员会（Competition Commission，CC），主要应 Ofgem 和 OFT 的要求对纠纷处理进行详细的调查，仲裁市场成员的投诉和纠纷。

2.4 电力市场模式与运行情况

在英国电力市场中，从组织方式来划分，可以分为三类电力交易：

（1）场外交易。由交易双方通过自由谈判签订的，这部分交易称为场外交易（OTC），目前约 90%左右的电量通过场外交易进行。市场中场外交易不仅仅局限于发电商和供电商之间，中间商（通常为银行等金融机构）也被允许作为一方签订电力双边合同。电力中间商既不发电也不售电，只是通过交易获得利润。

（2）交易所内交易。电量交易主要是通过 APX 和 N2EX 两个电力市场进行交易，以短期电力交易为主，主要提供几个月到半小时前的电力交易。市场中不到10%的电量通过交易所交易。

（3）平衡机制。由英国国家电网公司负责运行，目的是为了保证电力系统的实时平衡，用市场化手段解决合同电量和实际电量之间偏差电量，目前平衡机制交易的电量在2%～5%之间。

2.4.1 场外交易

场外交易主要由交易主体之间自主谈判成交（即场外交易OTC）或通过电力经纪公司撮合形成的。电力经纪公司为购售电双方提供交易信息，按照成交电量收取佣金。

交易双方签订双边合同，约定交易电量、交易价格和交易曲线。双边合同不需要由电力调度机构进行安全校核，但市场成员需以平衡机制单元（BMU）为主体将同一BMU内的所有交易合同叠加成一条电力曲线，在规定的时间内上报给调度机构。BMU一般由一组发电机或负荷组成。发电平衡机制单元一般由单台机组构成。负荷平衡机制单元需要根据负荷大小及负荷接入电网的地点确定，容量大且直接接入输电网的负荷单独构成一个平衡机制单元，对于配电网的大量用户负荷，则根据所属售电商的关系，以及配电网接入点组成一个平衡机制单元，该负荷平衡机制单元的电量测量值由诸多的用户电表测量值总和确定。

如果申报曲线与实际发用电存在偏差，市场成员需要承担平衡机制价格波动风险，因此会尽可能通过签订双边合同使交易累加曲线与实际出力曲线一致。同时，符合条件的市场主体必须要参与调度机构组织的平衡机制。

2.4.2 交易所内交易

英国电力交易所内的交易产品都是标准化交易产品，即规定了交易时段和最小交易电量，APX 交易所的主要交易品种如表 2-4 所示。在交易所的交易平台上，交易者可以看到所有可交易的产品，自主选择交易品种，申报某个交易产品的购买或售出价格。市场主体提交集中竞价量价曲线时是匿名的，且所有申报均以电子方式呈报。以 1h 时段和 0.5h 时段为例，1h 时段申报每个小时的量价曲线，申报单位为英镑/（MW·h）（精确到小数点后两位），当日 11:00 关闭，覆盖当日 23:00 至次日 23:00 时段；0.5h 时段申报次日每半个小时的量价曲线，申报最小单位为 0.1MW·h，当日 15:30 关闭，覆盖次日 00:00—24:00 时段，并规定价格上下限。此外，英国还有基于高峰（7:00—19:00）、低谷（23:00—7:00、19:00—23:00）、基础负荷（23:00—23:00）及周末（周五 23:00—周日 23:00）时段等竞价市场，大部分竞价时间为 7 天滚动制。

表 2-4　　APX 交易所的主要交易品种

类别	覆盖时段	交易开启时间
4h 段	每天 6 段，开始于 23:00，结束于 23:00	7 天滚动
2h 段	每天 12 段，开始于 23:00，结束于 23:00	实际送电前 49.5h
1h 段	每天 24 段，开始于 23:00，结束于 23:00	实际送电前 48h
0.5h 段	每天 48 段，开始于 0:00，结束于 24:00	实际送电前 49.5h

日前集中交易在计划执行前一小时结束。市场主体签订的双边合同，结合日前进行的集中交易结果，形成最终合同（final physical notification，FPN）上报给调度机构。

2.4.3 平衡机制

平衡机制由电力调度机构在实际合同电量交割前 1h 负责组织，其目的是维持电力实时平衡和实施阻塞管理。在英国电力市场中，平衡机制是设计最复杂的电力交易，是保障系统平衡的“最后市场机制”。

平衡机制单元（BMU）在日前集中交易关闸（gate closure）之前需要向调度机构提供次日的最终电力曲线（FPN），并同时提交增减出力的报价信息（bid & offer），其中竞卖价（offer）是指发电商增加出力或用电方减少负荷的报价；竞买价（bid）是指发电商减少出力或用电方增加负荷的报价。竞卖价（offer）和竞买价（bid）必须成对报出，以便调度机构在调整机组出力或者负荷大小时使用。

日前集中交易关闸之后，调度部门将根据 BMU 申报的增减出力报价、系统不平衡功率和阻塞情况，以购电费用最小为目标，选择购买增减出力报价（选择 bid 或 offer），调整市场成员的发用电计划。平衡机制中的增减出力报价按照价格优先排序，原则上，调度部门需依此排序购买上调或下调电力来进行每个时段的系统平衡。

2.4.4 电能市场运行情况

从市场竞争情况来看，根据英国能源监管机构（Ofgem）发布的《2018年英国能源市场状态报告》分析表明，近年来英国市场集中度不断下降，发电量最大的前八家发电企业市场份额由 2016 年的 77%下降到 71%，赫芬达尔-赫希曼指数（HHI）由 1117 下降到 1034，市场活跃度和竞争度不断增加。

英国批发电价变化情况如图 2-4 所示，从批发电价变化情况来看，2017 年夏季开始电价不断增长，2018 年一季度由于负荷激增，批发电价出现尖峰。在 2017－2018 年的 4 个季度中，英国批发电价水平高于欧洲平均水平的幅度在 18%～38%之间，这一定程度上是受到政策的影响，英国的许多环保成本体现在批发电价中，而许多其他欧洲国家反映在终端用户电价中。

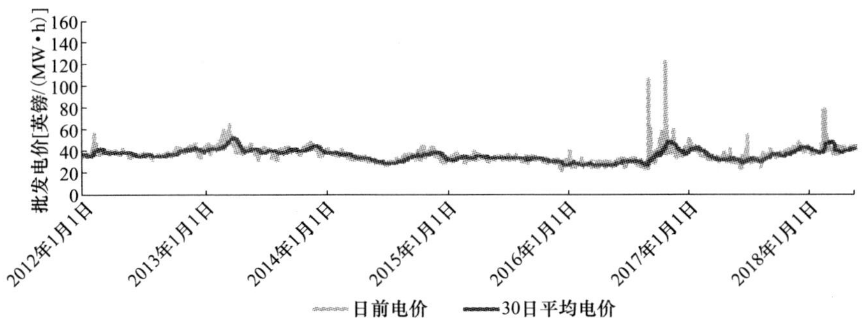

图 2-4 英国批发电价变化情况

2.4.5 针对低碳电源的差价合同和容量市场

为适应低碳发展需要，2013 年 10 月 10 日，英国能源气候变化部（DECC）发布了《电力体制改革实施草案》，针对差价合同市场和容量市场两项政策提出实施草案。

1. 差价合同市场

对低碳电力生产商设立基于差价合约的上网电价机制，由政府管理的专门机构与发电厂商签订长期差价合约。符合相关标准的低碳发电企业根据先到先得的差价合约发放原则在市场中以差价合约规定的价格获得电量收入，即若市场参考价（市场平均成交价）低于差价合约价格则以差价合约价格计，其差价由政府补贴；若市场参考价高于差价合约价格则将高于的部分返还。其中核电、部分生物质能发电等差价合约的市场参考价为季度或年度平均价，其周期较长；而光伏、风电等差价合约的市场参考价则为每日平均价，其周期较短。

2014 年 10 月，英国举行了首轮差价合同拍卖，交易于 2015 年 3 月结束，达成 25 笔交易合同，共计 2GW 新增可再生能源装机容量，涉及新建海上风电、陆上风电和太阳能等项目。随后，经征求各方意见，英国政府于 2015 年 6 月提出进一步完善差价合同交易机制的举措，主要包括：

（1）允许非法人合资企业参与差价合同交易。

（2）确保在市场出现负电价的情况下，发电机没有继续发电的意愿。

（3）对于海上输电系统成本、燃料测量和采样、发电税收等方面技术细节进行细微调整。

（4）给发电机提供更为灵活的计量系统维护和差异处理方式等。

2017 年 4 月，英国举行了第二轮差价合同拍卖，共计 11 个项目，3.3GW 容量达成交易，其中 3.2GW 容量为海上风电。

2. 容量市场

英国容量市场在电能量市场外单独设置，范围包括英格兰、威尔士和苏格兰，不包括北爱尔兰。由英国商业、能源和工业战略部（BEIS）负责容量市场政策制定和关键参数设定，英国国家电网公司（NG）为政府提供相关分析，并负责容量和差价合同（CFD）拍卖。政府指定机构（ESC）作为容量市场结算机构。容量拍卖包括 4 年拍卖（T-4）、1 年拍卖（T-1）、需求侧资源拍卖（Transitional Capacity Auction，TA）等。拍卖机制由政府确定市场中所需的备用容量，并由政府指定机构负责招标，电源、需求侧资源和储能等均可参与竞标。容量市场包括二级市场，由政府指定机构或供电商作为购买方，交易方式为集中竞价或双边交易，可采用容量物理交易或金融性的容量期权交易机制。

2014 年 12 月，英国举行了首次针对 2018 年交付的 T-4 容量市场拍卖，成交量达到 49.3GW 装机容量，出清价格为 19.4 英镑/（kW•h）。其中 39GW 为现有发电厂，其余为翻新电厂或新建电厂。随后，2015 年 3 月，英国政府对容量市场法规进行了修订，最主要的变化是 2015 年以后允许跨国输电容量参与容量市场。2015 年 12 月，英国容量市场再次开展 T-4 容量交易，成交量为 46.35GW，出清价格为 18 英镑/（kW•h）。

2016 年 12 月，英国举行了针对 2020/2021 年度交付的 T-4 容量市场交易，成交量为 52.4GW，出清价格为 22.5 英镑/（kW·h）。2016 年 1 月，英国举行了首次 2016/2017 年度交付的 TA 交易，成交量为 0.8GW，出清价格为 27.5 英镑/（kW·h）。2017 年 3 月，英国举行了 2017/2018 年度交付的 TA 交易，成交量为 0.3GW，出清价格为 45 英镑/（kW·h）。

3 欧盟电力市场建设与实践

3.1 电力工业发展概况

3.1.1 电源结构

截至 2017 年，欧盟总装机容量为 938GW，电源结构如图 3-1 所示。其中：燃气仍占比最多，占 20%，装机容量为 188GW；燃煤装机容量为 148GW，占比 15.8%；燃油装机容量为 29GW，占比 3.1%；水电装机为 137GW，占比 14.6%；风电装机为 169GW，占比 18.0%；光伏装机为 107GW，占比 11.4%；核能装机 118GW，占比 12.6%；生物质装机 15GW，占比 1.6%；其他装机 27GW，占比 2.9%。

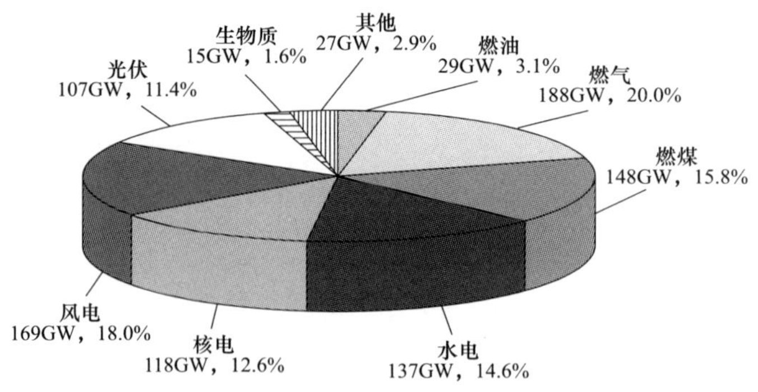

图 3-1　2017 年欧盟发电装机构成

数据来源：欧洲风能协会（EWEA）报告《Wind in power，2017European statistics》。

2017年欧盟新增装机容量28.3GW，以可再生能源为主（占2017年总新增装机的 85%），其中新增风电装机容量最大（占新增装机容量55.2%），光伏其次（占 21.5%），燃气第三（9.2%）。传统电源，例如燃油和燃煤机组退役容量超过新增装机，燃气机组退役容量与新增容量基本持平。2017年欧盟成员国月度净发电量情况如图3-2所示。

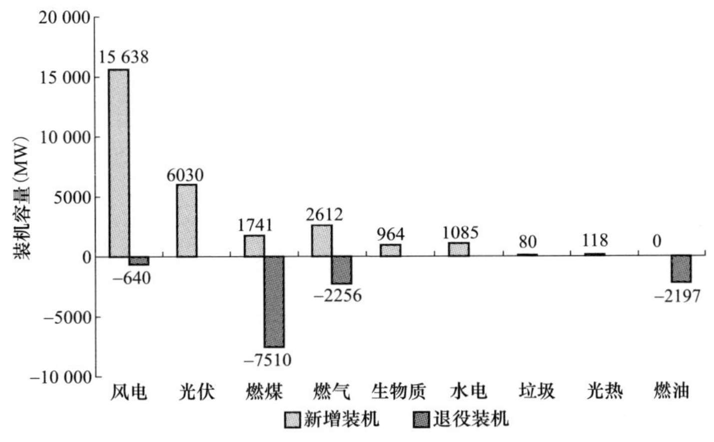

图 3-2 2017年欧盟新增发电装机和退役情况

数据来源：欧洲风能协会（EWEA）报告《Wind in power，2017 European statistics》。

3.1.2 电网结构

欧洲互联电网主要由欧洲大陆电网、北欧电网、波罗的海电网、英国电网、爱尔兰电网5个跨国互联同步电网组成。根据欧洲输电商联盟（ENTSO-E）统计数据，截至2017年12月31日，欧洲电网各成员国之间共有跨国联络线423条（如表3-1所示），其中交流联络线393条、直流联络线30条，主要通过220/285、330、380、400kV电压等级线路互联；交流线路总长度473 605km，交流电缆总长度5070km，直流电缆总长度8545km（如表3-2所示）。2017年ENSTO-E各成员国之间跨国交换电量为 435TW·h，与外部跨国交换电量为 33TW·h（如表 3-3 所示）。

表 3-1　欧洲跨国联络线数量（数据截至 2017 年 12 月 31 日）　条

项目	交流线路	直流线路
400kV 以上	64	7
380kV 及以上～400kV	130	5
220kV 及以上～380kV	110	17
220kV 以下	89	1
合计	393	30

表 3-2　欧洲跨国联络线长度（数据截至 2017 年 12 月 31 日）　km

项目	交流线路	交流电缆	直流电缆
400kV 以上	385	—	—
380kV 及以上～400kV	177 556	4157	4452
220kV 及以上～380kV	129 619	913	3067
110kV 及以上～220kV	166 045	—	1026
合计	473 605	5070	8545

表 3-3　ENTSO-E 跨国交换电量　GW·h

年份	总交换电量	ENTSO-E 内部交换电量	外部交换电量
2015	483 899	446 556	37 343
2016	460 567	424 100	36 467
2017	467 334	434 828	32 506

近年来，为满足日益增长的跨国能源输送和可再生能源大规模发展的需求，欧盟正在加紧推进对跨国互联电网的现代化改造和扩建，并提出到 2020 年各成员国跨国输电能力至少占本国装机容量的 10%，2030 年达到 15%的目标。截至 2014 年底，欧盟跨国平均互联水平约为 8%，根据欧盟委员会发布的《关于能源联盟最新进展的第三次报告（2017）》，预计到 2020 年，部分成员国例如塞浦路斯、波兰、西班牙和英国达到

10%目标可能存在一定困难。为满足欧洲能源系统转型升级的投资需求，欧盟已经建立了欧洲投资银行、“互联欧洲设施”（Connecting Europe Facility）投资计划、欧洲结构和投资基金等融资渠道，还提出了欧洲战略投资基金来提供额外资助。

为更好地促进欧洲电网建设发展，自 2010 年起，欧洲输电商联盟（ENTSO-E）每两年发布滚动更新的欧洲十年电网发展规划报告（TYNDP），该报告对欧盟层面能源基础设施建设进行评估，并提出对全网具有重大影响的电网建设项目建议。2016 年 12 月，ENTSO-E 发布了 2016 版的《欧洲十年电网发展规划报告（TYNDP2016）》。报告指出，要实现欧洲气候变化控制目标、实现 2030 年电力系统减排 80%，未来要进一步扩大电网互联规模以满足大规模可再生能源传输需求。到 2030 年之前，欧洲将投资 1500 亿欧元进行泛欧洲电网的基础设施建设，重点支持 200 个传输和存储项目，其中 800 亿欧元用于已经在国家计划或政府间协议中签署的项目。TYNDP 强调未来需要重点加强十大互联电网断面的建设，包括爱尔兰-英国-欧洲大陆线路、大不列颠-欧洲大陆-北欧线路、北欧-欧洲大陆线路、波罗的海-西欧线路、波罗的海区域互联线路、中欧（波兰、德国、捷克、斯洛文尼亚）互联线路、伊比利亚-欧洲大陆线路、意大利半岛跨阿尔卑斯山线路、东南欧-中欧互联线路、巴尔干-欧洲大陆新能源线路等。随着这些线路的建成，预计到 2030 年欧洲的跨国互联容量将比 2016 年翻一番。新的电网建设将对欧洲社会福利产生重大的积极影响：有效促进欧洲的新能源消纳，减少全球污染物排放，同时有望降低电价和减少阻塞时间，为欧洲民众提供清洁、廉价、低风险的能源供应。

3.1.3 电力供需

2017 年欧盟成员国净发电量总计为 3070.36TW•h，同比增长 2.88%，其中水电发电量为 317.88TW・h，核电发电量为 785.63TW・h，风电发电量为 361.58TW・h，太阳能发电为 116.34TW・h，传统化石能源发电量为 1475.6TW・h，地热发电为 6.11TW・h，其他能源发电为 7.22TW・h，2017 年欧盟成员国月度净发电量情况如图 3-3 所示。

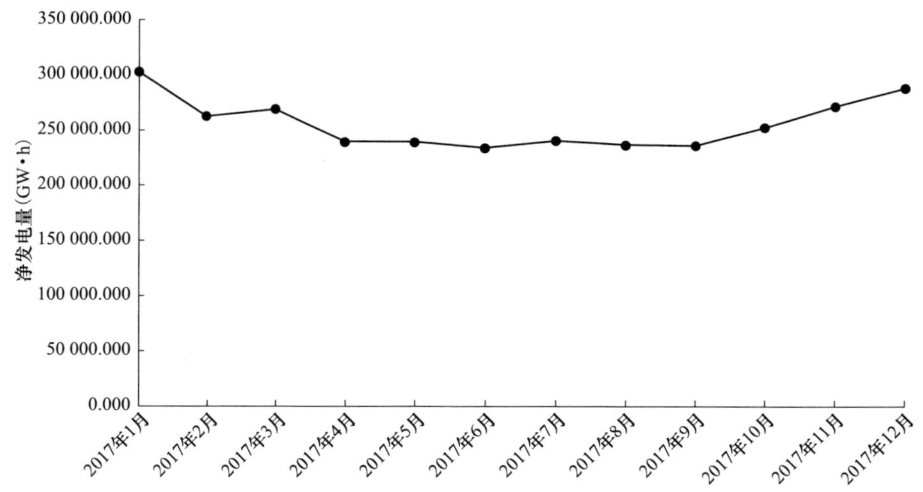

图 3-3　2017 年欧盟成员国月度净发电量情况

数据来源：欧盟统计网站 https：//ec.europa.eu/。

3.2　电力市场化改革总体历程

欧盟是由欧洲共同体发展而来的大型区域经济一体化组织。早在 20 世纪 50 年代，欧洲各国开始以欧洲煤钢共同体、原子能共同体等形式加强在能源领域的跨国合作。1986 年，随着《单一欧洲法案》（Single European Act）的签署，初步形成了建设欧盟统一能源市场的设想。1993 年，欧盟提出建立统一电力市场的改革目标，并先后于 1996、2003 年和 2009 年颁布了 3 个电力改革法案，提出电力改革路线图和时间表，要求各国开放电力用户选择权，完全开放电力市场等。

1996 年，欧盟发布了第一个关于放宽电力市场的指令（Directive 96/92/EC）。按照改革指令，要求垂直一体化电力公司的发电、输电、配电、售电业务必须实行财务和管理的分离。各成员国的电力市场化改革以此为起点在欧盟统一框架下全面展开。

2003 年，欧盟发布了第二个指令（Directive 03/54/EC）。该指令旨在进一步开放市场，提高电力供应效率和服务质量，要求到 2007 年 7 月 1 日前，所有用户都拥有售电商的自由选择权。指令还要求，垂直一体化电力公司须将其输电、配电业务实行法律分离，成立独立的子公司并对发电商和用户实行无歧视的开放；输电、配电价格由政府或监管机构确定。

2006 年，欧洲电力和燃气监管机构（European Regulators'Group for Electricity andGas，ERGEG）颁布了在欧洲范围内建设区域性电力市场的设想（Electricity Regional Initiative，ERI），旨在加快欧洲统一电力市场的建设进程，通过形成 7 个区域性电力市场作为过渡阶段。

2009 年，欧盟颁布“第三能源法案”（Third Energy Package），其中包括关于电力市场化改革的第三个指令（Directive 2009/72/EC）。该指令主要包括 4 项内容：一是进一步加强对电网运营的监管，确保电网业务与竞争性发电与售电业务独立；二是增加售电市场透明度，保障消费者权益；三是增强市场监管力量，加强国家能源监管机构（National Regulatory Authority，NRA）建设；四是促进各成员国之间的合作，包括成立欧洲能源监管合作机构（Agency for the Cooperation of Energy Regulators，ACER，前身是 ERGEG）、欧洲输电网运营商网络组织（European Network of Transmission System Operators for Electricity，ENTSO-E）。

2011 年，欧盟提出在 2014 年之前建成欧洲内部统一能源市场（Single

Energy Market）的目标，并且要求各成员国加快天然气管道、输电网络等基础设施的互联，保证在2015年前在欧盟范围内实现能源的自由输送和供应，并为推进能源市场立法、统一运行规则和技术标准等各项工作列出计划时间表。

经过20多年的不断推进，欧盟内部统一能源市场建设已取得显著进展。根据2014年10月欧盟委员会发布的统一能源市场建设进展报告《Progress towards completing the Internal Energy Market》，欧盟统一能源市场建设正在持续推进并取得以下主要成果：

（1）2008－2012年间，批发电价下降了1/3，批发天然气价格保持稳定。

（2）用户获得了更多选择权。

（3）修建了跨国能源传输设施。

（4）跨国电力和天然气交易增长，由于通用网络规则的使用，天然气传输管道利用效率提升。

（5）通过欧盟立法确保网络的公平无歧视开放，保证市场公平竞争和防范价格操纵。

尽管如此，目前欧盟能源供应安全仍面临多重挑战：53%的能源依赖进口，为此每年花费4000亿欧元；75%的住宅存在能效低下问题；94%的交通运输依赖燃油，其中90%依靠进口；可再生能源尚未得到充分消纳；能源基础设施老化，内部统一能源市场尚未建立，部分地区存在能源孤岛，阻碍了能源的自由输送和供应。

2014年，受乌克兰危机影响，波兰前总理Donald Tusk提出组建欧洲能源联盟的理念。随着乌克兰危机持续焦灼，欧盟和俄罗斯关系恶化，欧洲能源长期供应安全风险进一步加大，促使欧盟加紧了建立统一能源联盟的步伐。建立能源联盟旨在通过欧盟内部协调和改革降低石油和天然气的对外依赖、促使成员国实现能源供应多元化，确保欧盟实现安全、可持续、可负担的能源供应。2015 年 2 月 4 日，为进一步加强成员国之间的政策协调、保障能源安全，欧盟委员会宣布成立欧洲能源联盟，并于 2 月 25 日通过了能源联盟的战略框架，进一步强调加快建立完全一体化、具有竞争力的内部能源市场，并提出到 2020 年所有成员国跨国输电能力至少占本国发电容量的 10%，2030 年达到 15%的目标。

2016 年 11 月 30 日，为更好地促进欧洲能源清洁转型、实现 2030 年减少碳排放 40%的发展目标，同时促进经济现代化、创造更多的就业和发展机会，欧盟委员会发布了促进欧洲清洁发展的一揽子措施。主要包括实现能效优先、推动建立欧盟在全球可再生能源发展中的领导地位、为用户提供公平交易环境 3 个目标。作为一揽子举措的重要组成部分，欧盟委员会提出了新的电力市场规则设计建议，推动基于可再生能源消纳重新设计能源市场规则，为欧盟统一能源市场建设明确了新的战略方向。

3.3　电力行业结构现状

欧盟各成员国的行业结构呈现多样化特征，多数国家调度与电网一体化管理。约半数成员国的输配电业务仍保持在同一垂直一体化的电力企业内，但按照欧盟要求将输电、配电和其他业务法律分离。在欧盟层面，主要由输电运营商联盟（ENTSO-E）和欧盟能源监管合作机构（ACER）负责电力系统调度与监管的协调。

3.3.1　欧洲输电运营商联盟（ENTSO-E）

欧洲输电运营商联盟（European Network of Transmission System

Operators for Electricity，ENTSO-E）于 2008 年 12 月成立，2009 年 7 月正式投入运营。ENTSO-E 是由以前欧洲六个区域性电网运营商组织合并形成，其主要职责包括制定通用的电网运行、发展规划及市场整合规则，加强成员国运行协调等。

1. 欧洲输电运营商组织历史沿革

ENTSO-E 成立之前，欧洲不同区域分散存在六个输电运营商组织，分别是欧洲大陆区域的输电协调联盟（UCTE）、爱尔兰地区的爱尔兰输电商协会（ATSOI）、英国地区的英国输电商协会（UKTSOA）、北欧地区的北欧五国输电商协会（NORDEL）、波罗的海地区的波罗的海输电商协会（BALTSO）及 ENTSO-E 前身欧洲输电运营商（ETSO）。2003 年，欧盟委员会发布了对六个国家电力市场竞争力的研究，指出成员国间市场缺乏互通、市场信息缺乏透明度等问题，随即在其发布的《天然气及电力市场立法包》中提出了成立 ENTSO-E 的意见。2008 年 6 月，欧洲大陆共计 36 家电网运营商签署了共同成立 ENTSO-E 的布拉格协议；同年 12 月，欧洲 42 家输电运营商联合成立 ENTSO-E。

2. ENTSO-E 现状

截至 2018 年 6 月，欧洲共有 36 个国家的 43 个输电运营商加入 ENTSO-E，不同输电商间年度输电量达 424TW · h，服务用户 5 亿，总装机容量为 1137GW，年用电量为 3597TW · h，区域内跨国输电线路长度为 478 132km。

3. ENTSO-E 主要目标和职责

（1）ENTSO-E 主要目标为统筹规划解决欧洲电网面临的问题，设计并推动实施欧洲重大能源政策，具体有：

1）推进电网协调运作，增强电网可靠性，保障欧洲供电安全。

2）推动欧洲地区电网互联，保障电网建设投资，建立可持续发展的欧洲电网。

3）设计统一电力市场标准，建立统一的欧洲内部电力市场平台，提升欧洲电力市场信息透明度，在整个欧洲范围内提升电力批发及零售市场的竞争程度。

4）创造有利于新能源接入的电网条件，推动欧洲地区达到可再生能源发展目标。

（2）ENTSO-E 的主要职责包括：

1）制定电网规则。ENTSO-E 负责制定欧洲电网运行、发展及电力市场规则，最终规则由欧盟委员会发布，供所有欧洲电力市场参与主体执行。

2）制定电网十年发展规划并进行间隔两年的滚动更新，主要内容包括建立维护欧洲电网模型、电力供需预测及互联电网安全性评估等。

3）设计统一的电网运行工具以增强欧洲各国电网间的协调能力。

4）进行电力供需预测，发布每年夏冬两季的电力供需形势展望报告。

5）促进区域间和输电运营机构（TSO）之间在技术、电网安全等方面的合作。

4. ENTSO-E 组织架构

为了确保研究开发工作的高效进行及更好地规划欧洲电网的发展，经 ENTSO-E 议会批准，在现有 3 个委员会（包括系统发展、系统运行和电力市场）的基础上创建研发委员会，各委员会职责如下：

（1）系统发展委员会（System Development Committee，SDC）。系统发展委员会主要负责欧洲电网的规划和发展及确保各输电运营商之间的协调合作。系统发展委员会的主要任务是协调发展安全、可持续和经济的输电系统，其目的是创造一个坚强的欧洲电网及加快建立欧洲统一电力市场并确保其高效运转。

（2）系统运行委员会（System Operations Committee，SOC）。系统运行委员会负责确保欧洲输电系统的运行灵活性、可靠性和安全性。委员会在泛欧洲区域内为统一电网运行标准提供建议及促进各区域间一体化运作。系统运行委员会负责定义和更新欧洲区域内跨地区和独立的TSO执行的技术标准和运行标准。

系统运行委员会同时负责监测、评估和定期报告输电系统运行状况及重要输电网络运行事件，并组织欧洲输电系统运行和安全可靠性论坛。

（3）电力市场委员会（Market Committee）。统一的电力市场规则对于促进各国电力市场的有效竞争、确保电力用户获得利益、给发电企业和能源交易商提供更多机会具有重要意义。ENTSO-E电力市场委员会负责支撑和协调成员国的市场规则设计和开发。

（4）研发委员会（Research and Development Committee，RDC）。研发委员会的使命是要确保ENTSO-E研发领域相关的任务持续、有效地执行。研发委员会在关于欧洲相关的研发活动中负责协调ENTSO-E成员和社会团体自身的关系。目前，RDC中有3个工作组，分别是监测和知识分享工作组、标准化工作组及ENTSO-E研发规划工作组。

（5）法律和监管部（Legal and Regulatory Group）。法律和监管部为所有成员提供法律和监管事务方面的支持，确保ENTSO-E各项活动的合法合规性，监督欧盟法律法规的实施等。

（6）国际合作部（International Cooperation）。国际合作部主要负责促进与其他国家和地区的合作。

5. ENTSO-E 成效评价

自 2008 年 ENTSO-E 成立以来，有效地推动了欧洲电网的互联和协作，取得了良好的效果：

（1）统筹规划欧洲电网发展，保障关键政策实施，有效提升可再生能源利用效率并减少欧洲区域内的输电阻塞。

（2）推动建立统一电网运行规则。截至 2013 年底，ENTSO-E 已完成全部 8 个欧洲电网运行规则编制（包括前向容量分配、特高压直流线路接入、负荷接入、发电机组、容量分配和阻塞管理、系统运行、紧急事故和恢复、电力系统平衡规则），此后陆续完成欧盟立法程序，并于 2017 年 11 月全部正式发布实施。

（3）建立欧洲统一电力市场信息透明发布平台。该平台于 2014 年底上线运行，可为市场成员提供协同一致的市场交易信息。

（4）建立 ENTSO-E 预警系统，各国电网运营商都可在系统中获取欧洲及其他 ENTSO-E 成员的电网实时运行情况及数据，成员间安全运行协作显著加强。

3.3.2 欧盟能源监管合作机构（ACER）

根据《第三能源法案》有关指令，为更好地促进欧盟统一能源市场建设、加强各国监管机构的协调，欧盟能源监管合作机构（ACER）于 2011 年成立于斯洛文尼亚首都卢布尔雅那。

1. ACER 的使命和职责

ACER 的使命和职责由《第三能源法案》规定，在此基础上，分别于 2011 年和 2013 年根据有关法规新增了对批发能源市场完整性和透明度进行监管及制定跨国能源基础设施导则的任务。

（1）ACER 的使命：在欧盟层面协调各国监管机构的工作，推动建立欧盟国家统一电力和天然气市场。

（2）ACER 的主要职责：审定能源输送网络和市场相关规则；协调促进跨国能源市场的建立；对欧洲能源输送运营商的工作进行监督，特别是其跨国能源输送网络规划；对电力和天然气市场（特别是批发市场）进行监管。

2. ACER 组织架构

ACER 下设 6 个部门，包括主任办公室、行政部门、电力部门、天然气部门、市场监督和执行部门、市场完整和透明度部门。此外，ACER 还设有 3 个工作组，分别是市场监督、完整和透明度工作组（AMIT WG），电力工作组（AEWG）和天然气工作组（AGWG）。由各欧盟成员国监管机构代表组成的监管委员会（Board of Regulators），是 ACER 的决策机构。

3. ACER 市场监管报告

自 2011 年起，ACER 与欧洲联盟委员会、国家监管当局和其他有关组织密切合作，编制年度市场监管报告，旨在比较整个欧盟不同市场的竞争情况，以确定提高市场运营效率的最佳方法措施。ACER 逐步制定了评估零售市场、网络准入和批发市场一体化的方法，并针对这 3 个领域制定了一系列指标。为对所选择的指标进行评估分析，ACER 从公共和非公共数据源获取数据。例如，该机构数据库的数据来源于国家监管机构或国家监管机构通过欧盟能源监管委员会获得的数据。至于公共数据资源，该机构通过欧盟输电系统运营（ENTSO）平台和能源市场监测系统（EMOS）获得样本数据。

ACER 的年度市场监管报告评估了欧盟内部能源市场运作情况，主要集中在零售价格、网络准入、内部能源市场（IEM）的壁垒。市场监管报告包括电力批发市场、天然气批发市场、零售市场、电力和天然气用户保障 4 个部分。ACER 主要报告内容如表 3-4 所示。

表 3-4　　ACER 主要报告内容

内容分类	具 体 细 节
电力批发市场	电力批发市场进展、如何提高内部电力市场功能（包括跨区容量计算、非计划潮流和环流、市场前瞻、日前市场、日内市场、平衡市场、容量机制）、市场建议
天然气批发市场	天然气批发市场的进展（需求和价格、供应）、天然气市场一体化现状（流动资金、价格趋同）、提高内部天然气市场功能（跨区容量利用、天然气利用效率等）
零售市场	市场趋势和收益（电力和天然气需求、零售价格、供给能力）、市场竞争水平（市场结构、市场执行力、竞争行为、竞争相对水平）、零售市场高效运营的壁垒（零售定价机制的干扰、用户转变行为、批发市场问题）
电力和天然气用户保障	用户保障因素、用户申诉、用户体验、用户建议

3.3.3 电力交易机构

随着各国电力市场建设的推进，欧洲逐步建立了十几个规模不同的电力交易中心，本节对其中的典型代表北欧电力现货交易所有限公司（Nord Pool Spot AS，Nord Pool）、欧洲能源交易所（European Energy Exchange，EEX）基本情况进行介绍。

1. 北欧电力现货交易所有限公司

北欧电力现货交易所有限公司最早的前身是 1993 年的挪威电力交易机构，1996 年其覆盖范围延伸至瑞典，2000 年芬兰及丹麦陆续加入，随后立陶宛、拉脱维亚、爱沙尼亚等也陆续加入。目前，Nord Pool 涉及 12 个国家的电力交易，是北欧地区进行大宗电力买卖的主要场所。

（1）所有权结构。Nord Pool 由北欧四国（挪威、瑞典、丹麦、芬兰）及波罗的海三国（天然气、硬煤、褐煤）输电系统运营机构（TSO）所有。其中，挪威电网公司（Statnett）和瑞典电网公司（SvenskaKraftnät）的股份各占 28.2%，丹麦电网公司（Energinet.dk）和芬兰电网公司

（Fingrid）的股份各占 20%，爱沙尼亚电网公司（Elering）、立陶宛电网公司（Litgrid）及拉脱维亚电网公司（AST）各占 2%股份。

除此之外，Nord Pool 还成立了北欧电力市场咨询公司（Nord Pool Consulting AS），提供市场战略与管理服务，为政府公共当局、监管机构等提供咨询服务，为 Nord Pool 全资拥有。北欧电力芬兰公司（Nord Pool Finland Oy）负责北欧电力平衡市场，同样为 Nord Pool 全资拥有。

（2）管理模式。Nord Pool 由挪威水资源与能源局（NVE）授权组织电力交易平台，由挪威石油与能源部授权进行跨境电力交易。Nord Pool 开展的市场交易受到挪威水资源与能源局的监管。

Nord Pool 的管理层目前主要由 12 名成员组成，主要包括首席执行官（CEO）、首席运营官（COO）及各主要部门的负责人。董事会共 8 名成员，其中，董事长目前由挪威电力公司（Statkraft）与挪威发展中国家投资基金共同持股的水电投资公司（SN Power）的 CEO 担任，其余 5 名董事来自北欧四国及爱沙尼亚电网公司，2 名董事为 Nord Pool 员工代表。

（3）组织架构。Nord Pool 主要设有以下部门：市场部、财务部、信息服务部、商务发展部、市场监督部、人力资源部、企业联络部、市场服务部（负责 Nord Pool 向其他交易所的服务）、市场联合出清服务部、北欧和波罗的海事务部、英国和爱尔兰事务部、中欧市场部等。

（4）主要交易品种。Nord Pool 的交易品种主要有日前电力现货、日内电力现货、平衡电量（Regulating Power）。

（5）主要交易流程。日前市场是一个基于双向匿名拍卖的集中式物理交易市场，于日前 12:00 闭市，在 12:42 向市场公布出清结果。市场成员可以在日内市场上进行持续滚动的物理电量交易，直到实时运行前

1h 结束。平衡市场由各国 TSO 分别组织。

（6）议事机制。

1）市场监管部门。为了保证市场竞争的公平性，Nord Pool 设立了市场监督部门，以监督市场交易性行为的合规性，防止市场操纵和内部交易。市场监督部门直接向监管机构，即挪威水资源与能源局汇报。

2）客户咨询委员会（Customer Advisory Board）。其是北欧电力现货交易所的高级咨询委员会，负责与北欧电力现货交易所运营相关的所有活动。其由市场主体和工业界的代表构成，向北欧电力现货交易所的董事会报告。

3）英国 N2EX 市场委员会。其是一个独立的代表机构，每个季度召开一次会议。其由 N2EX 的一个高级成员代表作为主席。这个机构将 N2EX 的成员和北欧电力现货交易所的代表聚集起来，讨论和调整北欧电力现货交易所的长期发展战略、发展重点及英国 N2EX 市场的未来发展（考虑到英国能源交易的要求）。

（7）收费机制。Nord Pool 的收费可分为固定部分和变动部分。其中固定部分主要是市场主体进入市场的年费及一次性的入场费，变动部分主要是交易手续费和结算手续费。目前，变动部分的收入约占 Nord Pool 年度总收入的 60%，而固定费用占 12%左右。

2. 欧洲能源交易所

欧洲能源交易所（European Energy Exchange，EEX）成立于 2002 年，总部位于德国莱比锡，是当时设置在德国法兰克福和莱比锡的两大德国能源交易所合并组建的。EEX 目前是欧洲最大的能源交易集团，旗下子公司的交易内容覆盖了电力现货及衍生品、天然气、煤炭、碳排放权等领域。

（1）所有权结构。EEX 由 40 多家交易机构或能源电力企业（包括电网企业）共同持股，控股股东是德意志证券集团（Deutsche Börse Group）旗下的欧洲期货交易所苏黎世股份公司（Eurex Zürich AG），占 62.82%；其余股东包括德国东北部电网 50Hertz（8.66%）、莱比锡市政企业（7.38%）、意昂集团下属的传统发电子公司 Uniper（5.67%）等。除此以外，其余大型电力企业，如法国电力 EDF、德国 EnBW 集团、西班牙 Iberdrola 等均持有一定股份。

EEX 还直接或间接持有欧洲电力现货交易所（EPEX Spot SE），欧洲能源衍生品交易所（EEX Power Derivatives GmbH）及欧洲商品清算公司（European Commodity Clearing AG，ECC）等机构的股份。

EEX 及其持股的法国 Powernext 公司共同持有 EPEX 电力现货交易所 51%的股份，剩余 49%的股份由德国、法国、奥地利等电网公司持有。除此以外，EPEX 持有阿姆斯特丹电力交易所 APX（包括旗下比利时和英国两个子市场）的全部股份。

（2）管理模式和组织架构。EEX 的管理层共包括首席执行官（CEO）等在内的 7 人，董事会共 18 人，分别代表各股东。在市场管理层面，在代表市场成员的交易委员会（Exchange Council）和直接向监管机构汇报的市场监督办公室的监督下，开展市场运行与管理工作。

EPEX 的管理架构与 EEX 相似：董事会（Supervisory Board）直接由股东指定，主要负责选举公司管理委员会，对公司策略和预算进行表决，以及监督管理层的行为。目前公司管理委员会共有 12 人，其中 6 人为电网公司代表，3 人为发电企业代表，3 人为 EEX 公司代表。公司管理委员会由监督委员会选举产生，是公司的直接管理层。截至 2015 年底，EEX 共有雇员 421 人。

（3）主要交易品种。EPEX Spot 的电力现货交易，在法国区域主要包括日前竞价（Day-ahead Auction）、日前连续（Day-ahead Continuous）

及日内连续交易（Intraday Continuous），这些交易通过法国输电公司 RTE 进行交付；在德国区域主要从事日内连续交易（Intraday Continuous）和日前竞价（Day-ahead Auction）交易。此外，EPEX Spot 也可以为日内柜台交易（OTC）通过交易系统进行登记结算。

目前在欧洲能源交易所 EEX 交易的能源种类包括电力、天然气和煤炭、CO_2 排放权。以下仅介绍电力交易部分。

电力交易品种包括现货市场（通过 EPEX Spot，包括日前现货、即日现货）、衍生品市场（通过 EEX 电力衍生品市场，包括金融期货、期权）及柜台交易（OTC）市场（通过 EEX 电力衍生品市场）。EEX 通过欧洲商品清算公司（European Commodity Clearing AG，ECC AG）进行结算。

（4）主要交易流程。EPEX 的日前市场于每天中午 12:00 出清，全年 365 天不间断交易。竞价结果于当天中午 12:50 起公布在 EPEX Spot 网站上。日内市场于实际发电前一天下午 3 时开始交易，一直持续至实际生产前 30min。

（5）议事机制。EEX 及 EPEX 交易所中市场行为的监督主要由市场监督办公室（Market Surveillance Office）负责。市场监督办公室通常设置为一个独立直接向公司监督委员会汇报的机构。它持续监督市场成员的行为，确保他们符合市场规则及行为准则。同时，该办公室也是直接与各国监管机构沟通的核心。

对于电力市场的监督一般通过对市场交易指标的监控完成。当交易指标出现异常时，市场监督办公室有权怀疑不正当市场行为的产生，并可以直接从市场成员那里收集相关文件进行调查。一旦确认不正当市场行为的产生，市场监督办公室可以对该成员采取制裁手段。

（6）收费机制。EPEX Spot 的收费结构与 Nord Pool 相似，均分为固定部分和变动部分。目前，变动部分的收入约占 EPEX Spot 年度总收入的 67.6%，而固定部分（包括一次性入场费及会员年费）占 23%左右。

3.4 电力市场模式与运行情况

20 世纪 80 年代末以来，欧盟开始推进电力和天然气行业的一体化，旨在通过内部能源市场的开放融合降低欧盟整体能源对外依赖、促使成员国实现能源供应多元化，确保欧盟实现安全、可持续、可负担的能源供应。围绕此目标，近年来欧盟持续推动成员国深化电力市场化改革，完善市场交易和电网运行规则，加强成员国电力交易所合并和电力市场融合，促进跨国能源合作和统一电力市场建设不断深化。

欧盟统一电力市场建设经历了从单个国家市场到跨国区域市场，从中长期、短期合同交易到日前、日内交易，分阶段推进的过程，截至 2017 年 2 月，欧盟以日前市场联合为主要特征的统一电力市场已覆盖 23 个成员国，初步形成了大范围资源优化配置的电力市场交易平台。统一电力市场的建设使得市场竞争更加充分、配置资源的效率更高，能够更有效地实现成员国之间资源优势互补、保护供电安全，也能够更好地适应清洁电力大范围消纳的需求。

如图 3-4 所示，从时间尺度上看，欧洲统一电力市场建设主要包括跨国双边物理合约、日前市场、日内市场、辅助服务与实时平衡市场 4 个方面。同时，为更好地支撑跨国电力交易的开展，促进跨国输电通道的充分、高效利用，欧盟建立了跨国输电通道的阻塞管理与容量分配机制。

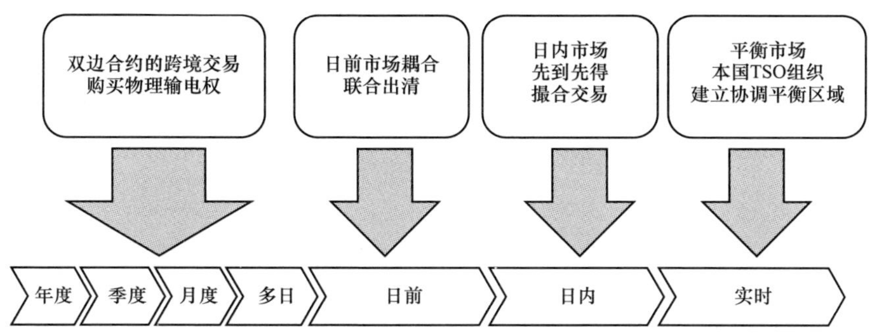

图 3-4 欧洲统一市场框架示意图

3.4.1 阻塞管理与跨境传输容量分配方式

欧洲电力市场中的阻塞管理一般分为两种情况：一是各成员国（TSO 调度区域）内的输电阻塞；二是跨国输电通道的输电阻塞。前者一般由各国 TSO 进行调整或组织相应的交易，主要采取的方式包括再调度（Re-dispatch）、通过平衡机制利用市场成员的调整报价进行发电出力的调整。

跨国输电通道的输电阻塞一般由两种方式进行处理：一是输电容量显式拍卖（Explicit Auction），类似于美国的物理输电权（Physical Transmission Rights）；二是输电容量隐式拍卖（Implicit Auction），类似于美国的金融输电权（Financial Transmission Rights）。

1. 显式拍卖

显式拍卖指输电容量通过独立于电能量市场的方式单独拍卖。所有进行跨境物理双边交易的市场成员需要根据成交电量购买相应的输电容量。该拍卖通常在年度、月度和每日的时间尺度上进行，由市场成员在平台上提交输电容量的购买意向和报价，按照报价从高到低的顺序依次成交，通常在能量市场成交前完成出清。显式拍卖时序示意图如图 3-5 所示。

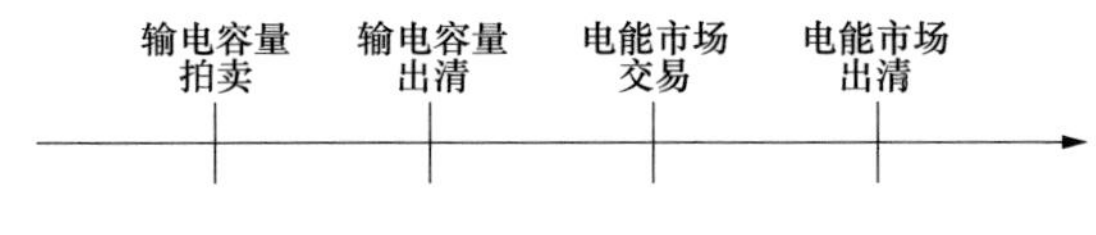

图 3-5　显式拍卖时序示意图

跨境电力交易物理输电权的拍卖由输电容量联合分配办公室（Joint Allocation Office，JAO）负责组织。该办公室成立于 2015 年，由原先位于德国的 CAO 和位于卢森堡的 CASC 合并成立，是一个服务于欧洲 17 个国家、20 个 TSO 的机构。

显式拍卖的主要优点在于与能量市场独立，简单明了，易于操作，适用于电力市场起步初期、跨境电力交易不频繁的情况；主要缺点在于往往由于预测不准或个别投机行为，导致实际潮流方向与输电容量购买方向不一致或通道容量未能充分利用，因此难以达到跨境输电通道容量的最优配置。

2. 隐式拍卖

隐式拍卖即不单独开设输电容量拍卖市场，而是将输电通道容量作为约束条件，纳入电量优化出清中统一考虑，不需要由统一的拍卖机构进行容量拍卖。在日前市场开始以前，各国 TSO 需要向电力交易机构提交跨境通道可用容量信息。参与交易的市场成员仅需向电力交易机构提交电能报价订单，而不用额外向 TSO 购买传输容量。日前市场耦合系统将根据所有市场成员的订单，进行跨境通道容量限制的优化出清，形成成交结果（包括跨境交易电量）。

与显式拍卖相比，隐式拍卖的主要优点在于能够使通道容量分配更加优化，实现了输电容量与电能量的统一出清，效率更高；主要缺点在于算法较显式拍卖更为复杂，实现起来难度较大，因此适用于电力市场成熟阶段。

目前，欧洲采用显式拍卖与隐式拍卖结合的方式处理跨境输电通道阻塞。一般来说，显式拍卖适用于跨境双边电力交易；隐式拍卖主要适用于日前市场耦合。近年来，随着欧洲统一电力市场建设进程的加快，跨境双边电力交易的比例逐年下降，显式拍卖的比例也随之降低。

3.4.2 跨国双边物理合约交易

跨国双边物理合约主要由市场成员自行签订，一般为中长期物理跨境交易。为保证双边合约能够执行，需要由市场成员向交易涉及国家的输电运营商（TSO）购买物理输电权，并且在规定时间内向电力送出国和受入国的 TSO 提交跨境输电计划。物理输电权主要通过 3.4.1 介绍的显式拍卖获得。

3.4.3 日前市场

1. 日前市场耦合最新进展

欧洲各国的日前市场目前通过市场耦合（Market Coupling）的方式实现跨境联合出清，近年来欧盟电力交易所合并和日前市场耦合历程如表 3-5 所示。2006 年，法国、比利时、荷兰日前市场成功实现了耦合，成为日后欧洲日前市场耦合的雏形。2010 年，中西欧（Central-West Europe，CWE）日前市场耦合完毕，主要包括德国、法国和荷比卢地区。2014 年初，北欧地区、中西欧地区及英国完成耦合，形成了西北欧耦合区域（North-West Europe，NWE）。这是欧洲统一电力市场建设进程中的里程碑，是首次采用现有的价格耦合（Price Coupling of Regions，PCR）算法。随后，先后于 2014 年 5 月、2015 年 2 月与西班牙、葡萄牙、意大利、斯洛文尼亚实现耦合，进一步扩大市场范围。截至 2017 年 2 月，欧洲已实现日前市场耦合的国家共 23 个（包括奥地利、比利时、丹麦、爱沙尼亚、芬兰、法国、德国、意大利、拉脱维亚、立陶宛、卢森堡、挪威、葡萄牙、斯洛文尼亚、西班牙、瑞典、荷兰、英国、波兰、捷克、斯洛伐克、匈牙利和罗马尼亚），约占欧洲电力消费总量的 85%，正在实施日前市场耦合的国家共 5 个（包括克罗地亚、保加利亚、希腊、爱尔兰和北爱尔兰）。2018 年 6 月，克罗地亚和斯洛文尼亚日前市场实现耦合。

表 3-5　　近年来欧盟电力交易所合并和日前市场耦合历程

时间	电力交易所合并和市场耦合事件
2002 年	德国莱比锡的电力交易所（LPX）与位于德国法兰克福的欧洲能源交易所（EEX）合并成为欧洲能源交易所德国能源交易所
2004 年	荷兰电力交易所 APX 收购了英国电力交易所 UKPX（更名为 APX UK）
2006 年	法国 Powernext、荷兰 APX 和比利时 Belpex 3 个交易所开始进行交易联合（The Trilateral Market Coupling，TLC）
2008 年	德国 EEX 与北欧电力现货交易所（Nord Pool Spot）联合成立了欧洲市场联合公司（European Market Coupling Company GmbH，EMCC），进行德国与丹麦日前市场的联合交易及跨国电能交易
2008 年	德国 EEX 和法国 Powernext 宣布进行合作，这两个交易所的合作包括德国、法国、奥地利和瑞士，其电力消费量占到全欧洲的 1/3
2009 年	捷克和斯洛伐克的日内市场实现联合
2009 年	APX-ENDEX、Belpex、EPEX Spot、GME、Nord Pool Spot 和 OMEL6 家电力交易所签署联合出清（Price Coupling of Regions，PCR）合作协议，计划构建一个覆盖北欧、中西欧和南欧地区的联合市场
2010 年	中西欧区域（法国、德国、比利时、荷兰、卢森堡）实现市场联合
2010 年	北欧电力交易所 Nord Pool Spot 将日前市场扩展到爱沙尼亚，建立了 Estlink 价区
2011 年	捷克、斯洛伐克和匈牙利 3 国电力市场联合项目正式启动
2011 年	欧洲最大的两家短期电力交易所 Nord Pool Spot 和 EPEX SPOT 宣布将于 2012 年建立联合交易平台
2012 年	爱沙尼亚、拉脱维亚和立陶宛输电系统运营商共同签署了购买北欧电力现货交易所部分股份的谅解备忘录，根据协议 3 家输电公司将各自持有交易所 2%的股份；北欧电力现货交易所在立陶宛开设了新的竞价区域
2013 年	北欧电力现货交易所在拉脱维亚开设了新的竞价区域

续表

时间	电力交易所合并和市场耦合事件
2013 年	捷克电力市场运营商（OTE）宣布参与欧盟区域价格联合出清（Price Coupling of Regions，PCR），成为继 Nord Pool Spot、APX-ENDEX、Belpex、EPEX Spot、GME 和 OMEL 之后的第七个成员
2014 年	2 月，欧盟 4 家电力交易所与 13 家输电系统运营商首次实现了西北欧地区日前市场联合出清；5 月，西南欧和西北欧区域日前市场实现联合出清
2015 年	2 月，意大利-奥地利、意大利-法国、意大利-斯洛文尼亚跨国边界实现了与欧盟其他区域日前市场的联合出清
2017 年	截至 2 月，欧洲已实现日前市场耦合的国家共 23 个，约占欧洲电力消费总量的 85%
2018 年	6 月，克罗地亚和斯洛文尼亚日前市场实现耦合

2. 日前市场耦合的基本原理

欧洲日前市场耦合的基本原理是由 TSO 向电力交易机构发布跨境传输通道的可用传输容量（Available Transmission Capacity，ATC），市场 A 和市场 B 的市场成员各自提交报价，使用该传输容量作为约束进行统一优化出清，得到各自市场的成交电量及价格。由于 ATC 作为出清模型的约束条件，所以实际通道传输电力一定小于或等于通道的 ATC。

当连接市场 A 与市场 B 的输电通道未发生阻塞时，两批发市场的成交价格相等（如图 3-6 所示）。当输电通道发生阻塞时，则市场 A 与市场 B 的成交价格不相等，电力由价格较低的价区流向价格较高的价区（如图 3-7 所示）。此时，所形成的价格差反映了市场 A 与市场 B 之间的阻塞程度，由此产生了一定的阻塞收益（Congestion Revenue），由 TSO 获取，在监管机构的监督下用于投资建设跨境输电通道或对已有通道进行扩容。

根据 ACER 发布的 2016 年欧洲电力市场监管报告，中西欧地区、北欧地区、波罗的海地区的价格耦合程度[1]分别达到了 21%、29%和 37%。

[1] 一年中该区域内各价区出清价格一致的小时数所占比例。

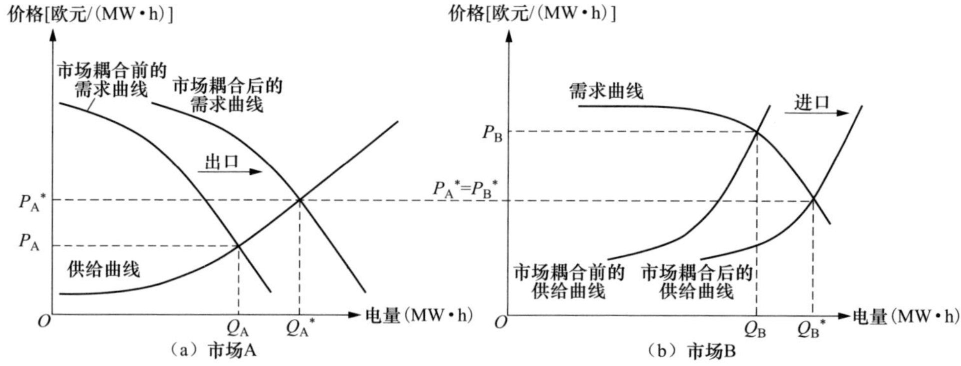

图 3-6 通道无阻塞时的市场耦合示意图

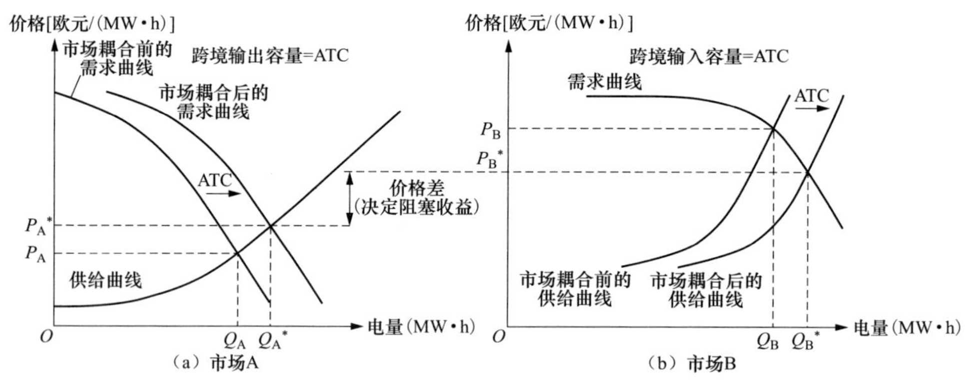

图 3-7 通道有阻塞时的跨境电力交易示意图

3. 日前市场耦合组织流程

欧洲日前市场耦合目前由包括欧洲电力交易所（EPEX Spot）、北欧电力交易所（Nord Pool Spot）在内的 7 个电力交易机构轮值进行出清，每两周轮换一次。日前市场耦合的流程如下：

（1）根据通道传输容量上限和之前显式拍卖的结果（以市场成员通报的跨境输电计划为准），各国 TSO 计算各价区间通道的可用传输容量 ATC，提交至市场耦合系统。

（2）各市场成员在统一规定的时间内向各自的电力交易机构提交报价订单，由各电力交易机构将汇总后的订单提交至市场耦合系统。

（3）由轮值电力交易机构运行市场耦合系统，根据 ATC 和所提交的订单，进行统一优化出清，计算得到所有订单的成交情况、各价区的出清价格及各价区间的“电力交易流”（Commercial Flow）。各市场成员需根据出清结果制定跨境交易计划，提交至相关 TSO。

（4）由电力交易机构统计并发布市场交易信息。

3.4.4 日内市场

欧洲主要电力交易所（如 EPEX Spot、Nord Pool Spot）的日内市场均采用类似于股票市场的撮合交易模式。交易流程如下：

（1）在开市时间内，市场成员可自行在日内交易系统中进行“挂牌”，订单内容包括订单方向（买入/卖出）、电量、价格及所在价区信息。

（2）系统自动进行订单匹配，匹配原则为：若新进入系统的买方订单价格高于系统中最低价卖方订单或新进入系统的卖方订单价格低于系统中最高价买方订单，则自动匹配成交；否则，订单将进入系统待匹配。

欧洲目前正在积极进行日内统一市场的建设，其目标模型（XBID）是通过搭建统一的信息系统（Common IT System）实现订单共享（Shared Order Book），跨境输电容量由隐式拍卖法进行分配。通过这种模型，在输电容量许可的情况下，一个竞价区域的订单可以与 XBID 覆盖范围内其他竞价区域的订单实现连续匹配。

相对于日前市场，欧盟日内市场建设的进展相对缓慢，截至 2011 年，仍有半数成员国尚未建立日内市场，已建立的日内市场交易量和流动性也较低，短期调整主要依靠平衡市场中昂贵的资源进行。2013 年初，在日内市场各项目成员的强烈支持下，各电力交易所开始进行针对欧洲日内市场平台信息技术（IT）供应商的招标工作。但是不同交易所之间却没有能够达成共识。基于此种情况，2013 年底，欧盟委员会决定介入相关事项并对未来发展提供指导。2014 年 2 月 10 日，欧盟主要电力交易所 APX、Belpex、EPEX SPOT、Nord Pool Spot 和 OMIE 签署合作协议，就开发欧洲通用跨国日内交易解决方案达成一致，有关交易所将继续进行泛欧洲日内市场通用模型的开发工程。2015 年 6 月，在欧洲 15 家输电运营机构的支持下，欧洲五大电力交易机构 APX（包括其子公司 Belpex）、EPEX SPOT、GME、Nord Pool Spot、 OMIE 与 Deutsche Börse AG 公司共同签署了开发欧洲统一跨国日内交易平台的协议。该平台能够链接每个电力交易所的局部交易系统，在输电通道允许的条件下，市场成员在不同价区所提交的竞价信息可以在连续交易平台上实现匹配。截至 2017 年 2 月，已有 14 个欧洲国家实现了日内订单共享。2018 年 6 月，欧盟日内统一市场取得重要进展，10 个地方实施项目成功启动，可以在奥地利、比利时、丹麦、爱沙尼亚、芬兰、法国、德国、拉脱维亚、立陶宛、挪威、荷兰、葡萄牙、西班牙和瑞典实现日内市场连续交易。

3.4.5 辅助服务及实时平衡市场

欧洲大部分国家的电网相互连接，拥有同步的频率。欧洲互联电网的区域中包括了 5 个系统频率同步的区域（欧洲大陆、北欧、波罗的海、英国、爱尔兰）及 2 个孤立系统（塞浦路斯、冰岛）。互联电力系统的好处在于，当某一国家的电力系统产生干扰或事故时，整个互联地区的系统容量都可以用来迅速恢复系统频率和安全稳定运行，从而避免大规模连锁停电事故的发生。除此以外，互联电力系统促使各国间的辅助服务市场进行融合，使各国发电商拥有更多的市场资源，而各 TSO 也可以在更大的范围内购买更加实惠的平衡或辅助服务电能，从而达到“双赢”的局面。

由于辅助服务和实时平衡市场与各国电力系统运行方式紧密结合，所以长期以来欧洲各国的辅助服务市场与实时平衡市场均由各国 TSO

自行组织。

目前，欧洲各国采用的平衡市场模式主要有两种：一是建立平衡机制（Balancing Mechanism），由市场成员提交调整出力的报价，调度机构按照报价和机组情况进行调用，如英国、北欧、法国等；二是通过3次调频采购和调用实现系统平衡，如德国。这两种方式的本质都是通过市场化手段，根据机组报价，实现机组出力的上调或下调。

近年来，随着欧洲统一电力市场建设的推进，在ENTSO-E的协调组织下，各国正在积极探索建立跨国平衡和辅助服务采购机制。目前共有7个试点项目，试点内容主要包括跨国平衡和调频备用共享等。

跨国电网控制合作（International Grid Control Cooperation，IGCC）是基于跨国平衡的试点项目。其基本原理是将不同控制区的相反方向的区域控制误差（ACE）相互抵消，从而减少调频辅助服务的调用量，提高系统运行的经济性。目前，该试点项目已经覆盖了欧洲大陆8个国家的11个TSO。

调频备用共享机制的主要原理是建立调频备用的统一采购平台，由各国辅助服务提供商在平台上进行报价，采用统一出清方式，从而满足各国的调频备用需求。目前，ENTSO-E核定的欧洲大陆电力系统中一次调频备用的总需求为3000MW，但针对各国的一次调频备用要求是每年根据电力供需形势动态调整的，允许各国进行备用容量的交换。因此，欧洲大陆主要开展一次调频备用跨国共享，其范围已覆盖德国、荷兰、瑞士、奥地利等多个国家。

3.4.6 市场运行情况

从批发市场价格水平来看，2017年，除保加利亚、波罗的海和波兰市场外，欧洲各竞价区域的平均日前市场价格均呈现上涨趋势，价格最高的地区包括希腊、意大利、伊比利亚半岛、克罗地亚和英国。价格上涨主要有两方面原因，从需求侧来说主要是受到经济增速变化的影响，2017 年欧洲国内生产总值（GDP）比上年增长 2.5%，是近年来的最高年均增速；从供应侧角度来看，价格的上涨主要是受到发电结构变化和燃料价格上涨的影响，2017 年变动发电成本较低的水电和核电占比分别下降 19%和 15%，燃气发电占比增加 4%。2011－2017 年间部分欧洲市场日前市场价格变化趋势如图 3-8 所示。

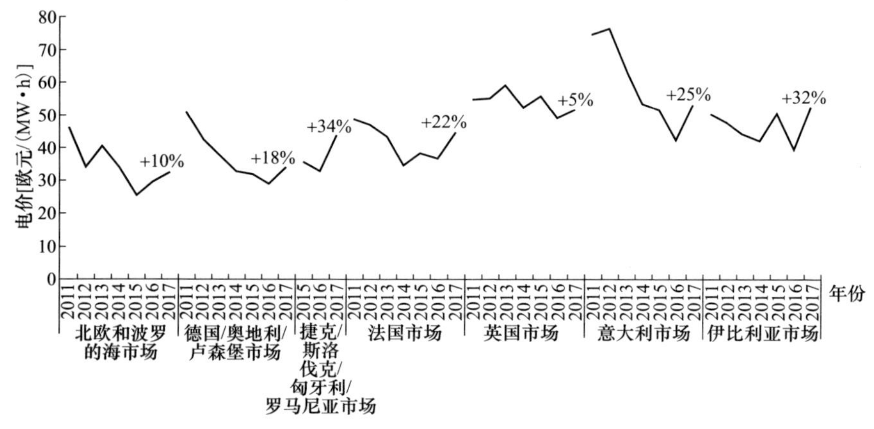

图 3-8　2011－2017 年间部分欧洲市场日前市场价格变化趋势

图片来源：ACER 报告《ACER Market Monitoring Report 2017》。

从批发市场价格趋同情况来看，不同竞价区域的日前现货价格趋同程度存在较大差异：在爱沙尼亚与芬兰边界、葡萄牙与西班牙边界、拉脱维亚与立陶宛边界上，日前市场平均价差小于 0.5 欧元/（MW·h）；而在德国/奥地利/卢森堡竞价区域及其邻国之间，以及英国边境上，日前市场平均价差大于 10 欧元/（MW·h）。2016－2017 年间，欧盟地区日前市场价格趋同的频率增长最快的是波罗的海和中西欧（CWE）区域，2017 年这两个地区日前现货价格完全趋同的时段比率也是欧洲最高，分别达到了 80%和 41%。这主要得益于波罗的海地区新跨国联络线的投运及中西欧地区实施的基于潮流的市场耦合机制。

从终端用户价格情况来看，如图 3-9 所示，2017 年欧盟居民用户电价持续下降，比 2016 年下降 0.4%，平均为 20.4 欧分/（kW・h）；工业用户电价比 2016 年下降 1.9%，平均为 10.4 欧分/（kW・h）。2008 年以来，欧盟居民电价上涨 25.9%，工业电价增长仅为 3.7%。居民电价涨幅远大于工业电价主要是由于可再生能源发电成本的分摊，居民终端电价中可再生能源成本占比从 2012 年的 6%增加到 2017 年的 14%。

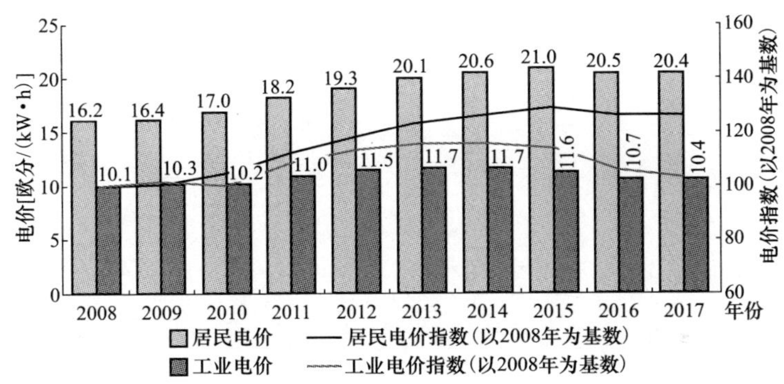

图 3-9　2008－2017 年欧盟终端用户电价变化情况

图片来源：ACER 报告《ACER Market Monitoring Report 2017》。

4 丹麦电力市场建设与实践

4.1 电力工业发展概况

4.1.1 电源结构

1. 各类电源装机及发电量情况

截至 2015 年底，丹麦全国装机总容量为 1228 万 kW[1]，其中火电为 641 万 kW，占总装机容量的 52.20%；风电为 508 万 kW，占总装机量的 41.37%；光伏为 78 万 kW，占总装机容量的 6.35%；水电为 1 万 kW，占总装机容量的 0.08%。2015 年各发电方式装机容量占比如图 4-1 所示。

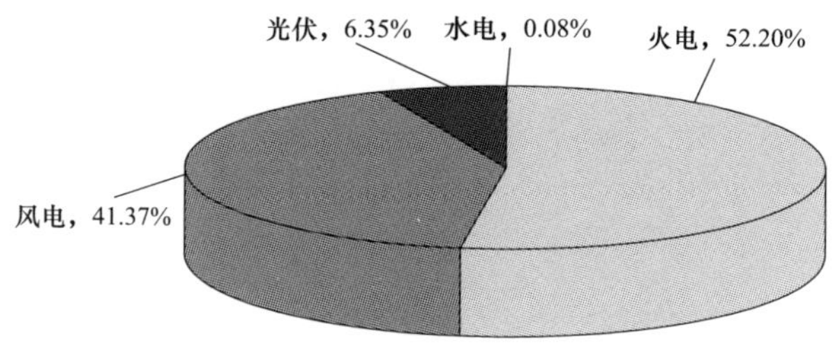

图 4-1　2015 年各发电方式装机容量占比

2. 各类电源发电量情况

（1）各类电源在发电量中的占比。如图 4-2 所示，2015 年，丹麦净

[1] 数据来源于丹麦电网公司网站，基于丹麦电网公司 Energinet.dk 数据整理。

发电量为 277 亿 kW · h[1]，其中火电发电量为 129.47 亿 kW · h，占总发电量的 46.7%；风电发电量为 141.33 亿 kW · h，占总发电量的 51%；光伏发电量为 6.05 亿 kW · h，占总发电量的 2.2%；水电发电量为 0.19 亿 kW · h，占总发电量的 0.1%。火电发电量中，集中式火电机组发电量为 94.93 亿 kW · h，占总发电量的 34.3%；分散式火电机组（Local CHP）发电量为 34.54 亿 kW · h，占总发电量的 12.5%。

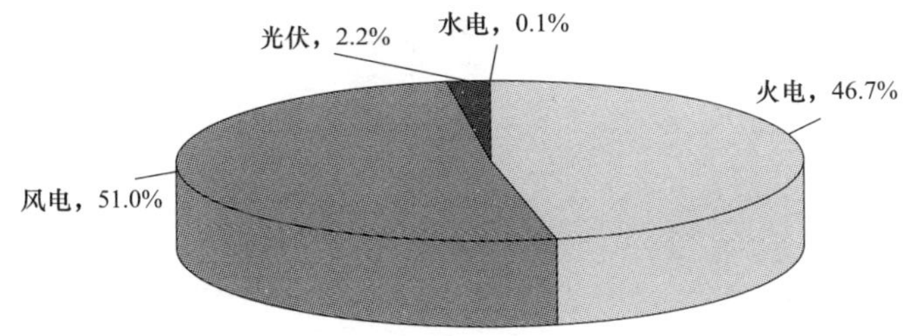

图 4-2 丹麦电网发电量构成

（2）各类电源在全社会用电量中的占比。2015 年丹麦全社会用电量为 336.16 亿 kW · h，电力净进口电量为 59.12 亿 kW · h。各类电源在全社会用电量中的占比如图 4-3 所示。

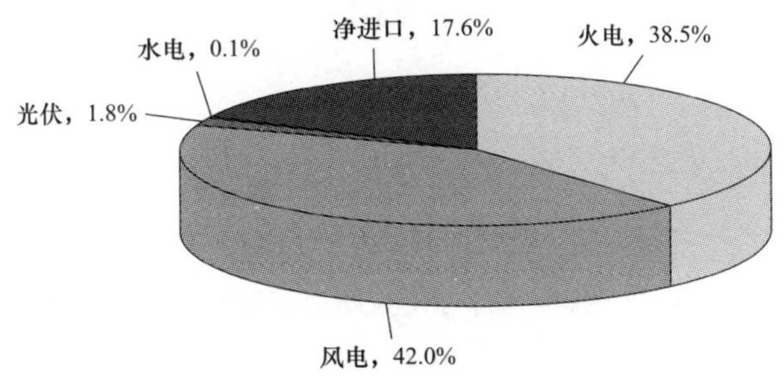

图 4-3 各类电源在全社会用电量中的占比

4.1.2 电网结构

丹麦电网分为东部电网（西兰岛）和西部电网（日德兰岛与菲英岛）

[1] 数据来源于丹麦电网公司网站，基于丹麦电网公司 Energinet.dk 数据整理。

两个部分，其中东部电网与瑞典交流连接，形成北欧同步电网；西部电网与德国交流连接，是欧洲中部电网同步电网的一部分。此外，东部电网还与德国直流连接，西部电网与挪威直流连接。丹麦东部电网与西部电网之间通过 1 条 400kV 直流线路连接，输电容量为 60 万 kW。丹麦与周边国家联网最大出口容量为 652 万 kW，最大进口容量为 573 万 kW。

2015 年各月丹麦与周边国家电量交换情况如图 4-4 所示，而电量交换的变化主要取决于电价差异及输电容量限制。如表 4-1 所示，2012 年、2015 年挪威、瑞典水电来水较多，电价较低，丹麦从挪威、瑞典大量进口电力。

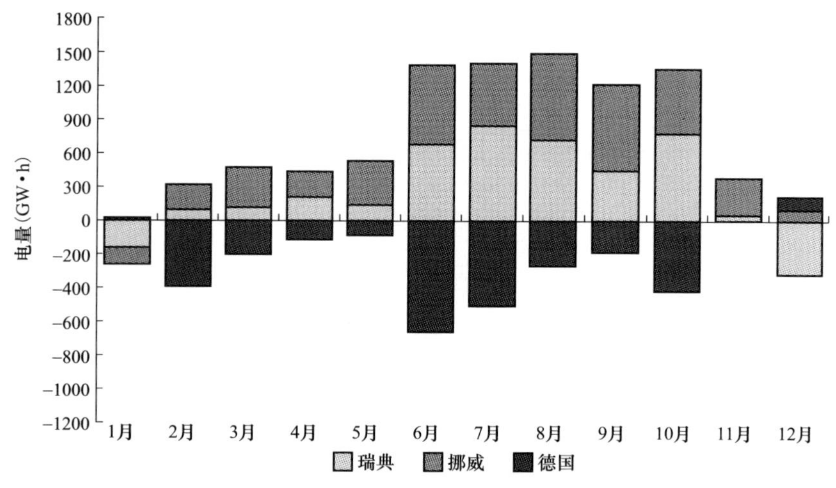

图 4-4　2015 年各月丹麦与周边国家电量交换情况

表 4-1　　丹麦与周边国家电量交换情况　　亿 kW·h

年份	2010	2011	2012	2013	2014	2015
从瑞典净进口	−22.38	24.46	75.14	−10.01	10.11	36.49
从挪威净进口	−25.97	11.87	47.81	−2.87	26.67	49.54
从德国净进口	37	−23.15	−70.82	23.69	−8.23	−26.91
总净进口	−11.35	13.18	52.14	10.81	28.55	59.12

4.1.3 电力供需

丹麦年用电量约为 340 亿 kW • h。冬季用电量大，夏季用电量低。全社会用电负荷为 250 万～600 万 kW。用电高峰在冬季 10 月至次年 3 月，用电低谷在夏季 6－8 月。冬季平均负荷为 418.6 万 kW，夏季平均负荷为 352.7 万 kW。全年最大负荷约为 620 万 kW，出现在 2 月和 12 月。

4.2 电力市场化改革总体历程

丹麦参与北欧电力市场，北欧电力市场始于 1991 年。1991 年 1 月 1 日，挪威能源法案颁布，挪威国家电力市场建立；1996 年 1 月，瑞典能源法案颁布，挪威和瑞典建立共同市场；1998 年 6 月，芬兰加入；1999 年 7 月，丹麦西部加入；2000 年 10 月，丹麦东部加入；2001 年，北欧电交所同时获得交易所与清算所许可证；2003 年，北欧电交所在合同清算中正式启用欧元；2004 年，北欧电交所开发了新的清算平台；2005 年，北欧电交所成为欧洲首个欧盟排碳配额（EUA）交易的电力交易所；2006 年，在北欧电力金融市场中，远期合同的最长时间跨度从 4 年被扩展为 6 年；2007 年，北欧电交所成为欧洲首个开展核证减排量（CER）交易的电力交易所；2009 年 11 月，北欧与德国联合运作启动日内平衡市场；2010 年，NASDAQ OMX 收购了 Nord Pool ASA，在英国启动 N2EX 电力市场；2010 年 4 月，对爱沙尼亚开放报价区；2011 年荷兰、比利时加入日内平衡市场；2012 年 6 月，对立陶宛开放报价区。

4.3 电力行业结构现状

丹麦国家电网公司属于丹麦气候与能源部，是依法建立的一个公共非营利企业，主要业务是规划、建设、管理、运行丹麦的电力传输系统和天然气的输送系统及天然气储存库。在丹麦能源市场建立客观、透明的竞争环境并监督丹麦能源市场竞争是丹麦国家电网公司的任务之一。丹麦国家电网公司是在 2005 年合并丹麦 Eltra 公司、Elkraft System 公司、Elkraft Transmission 公司及 Gastra 后成立的。2010 年丹麦国家电网公司的收入超过 83 亿丹麦克朗。由于它的公共性和非赢利性，丹麦国家电网公司的任务相比于通常所说的 TSO 有很大不同。

4.4 电力市场模式与运行情况

丹麦电力市场主要分为金融市场、日前市场、日内市场、平衡市场等，丹麦电力市场架构如图 4-5 所示。其中，金融市场多为长期合约，用于市场风险对冲，由金融机构组织，与系统运行无关；日前市场、日内市场均在北欧电力交易所开展，日前市场交易电量占丹麦电量交易的大多数；平衡市场由丹麦电网公司负责组织，用于保证系统供需平衡。

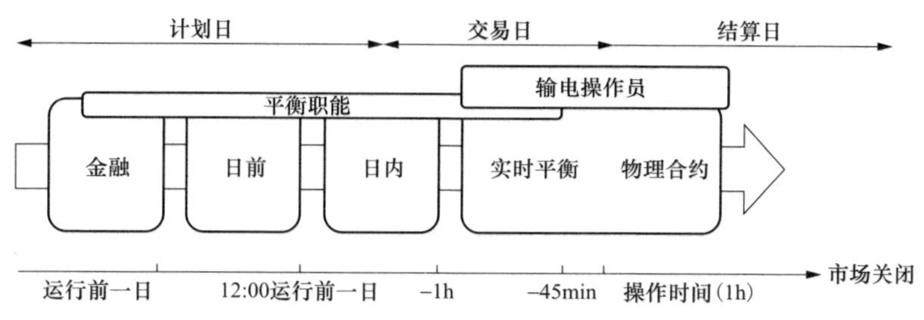

图 4-5 丹麦电力市场架构

1. 日前市场

在北欧电力交易所 Elspot 开展，运行日前一天 12:00 关闭。购售电双方集中报价，交易所按边际成本由低到高安排发电计划，计算出统一的出清价格。

2. 日内市场

在北欧电力交易所 Elbas 开展，运行日前一天下午开始到实时运行 45min 之前关闭。在交易关闭前，购售电双方可以根据非计划停运、可再生能源预测误差、负荷预测误差等变化，随时提出新的报价。

3. 平衡市场

由丹麦电网公司 Energinet.dk 组织，实时运行前 45min 开始。北欧四国（挪威、瑞典、丹麦、芬兰）共用一个北欧运行信息系统（NOIS，Nordic Operation Information List），实现北欧四国平衡资源的跨国调用。丹麦电网公司根据系统不平衡量，调用平衡资源，保证系统实时平衡。对于造成不平衡的发电或用户，事后根据不平衡量支付不平衡成本。

5 德国电力市场建设与实践

5.1 电力工业发展概况

5.1.1 电源结构

1. 各类电源装机容量及占比

结合德国电力总装机容量数据统计图（见图 5-1、图 5-2），可以看出非可再生能源装机容量总体变化不大，从 2013 年的 105.1GW 增加到 2014 年的 106.1GW 再回落到 2015 年的 105.3GW；另一方面，可再生能源由于政策的扶持，稳中有升，从 2013 年的 83.1GW 增加到 2014 年的 90.0GW 再增加到 2015 年的 93.9GW。

具体而言，天然气、硬煤、褐煤在非再生能源中始终占据主导地位，分别占 27%、25%、20%左右。另外需要注意的是核能，根据德国能源政策，德国境内所有核电站将在 2022 年之前全部关停；当前占全部非可再生能源总装机容量约 11%的核能供给缺口将由可再生能源容量来补足。

可再生能源方面，太阳能及陆上风能占绝对主导地位，并逐年提高，由 2013 年的 36.3GW 和 33.5GW 提高到 2015 年的 38.9GW 和 38.6GW。海上风电的总体装机容量和所占比例虽然目前看来尚微不足道，但发展

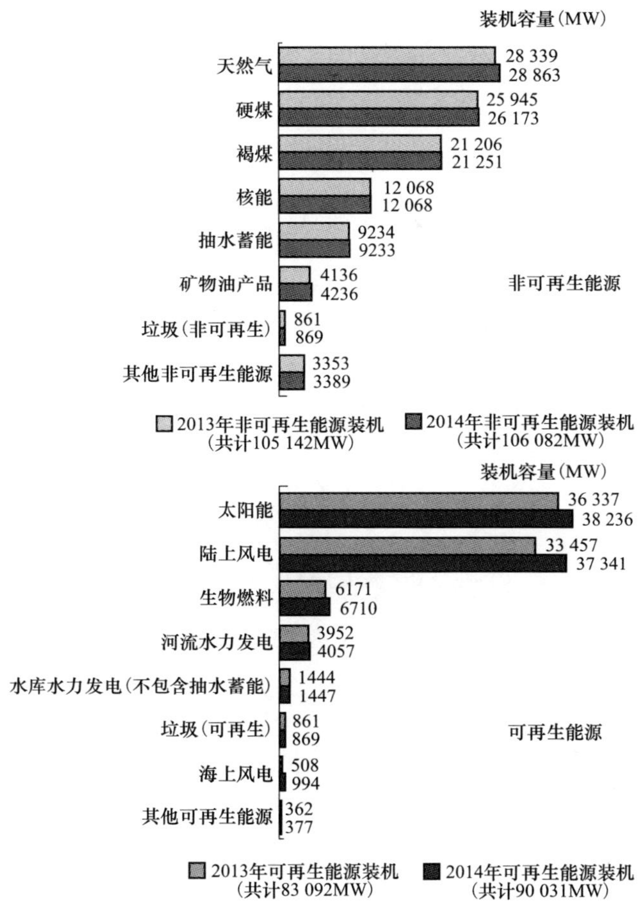

图 5-1　各类电源装机容量（2013/2014 年数据）

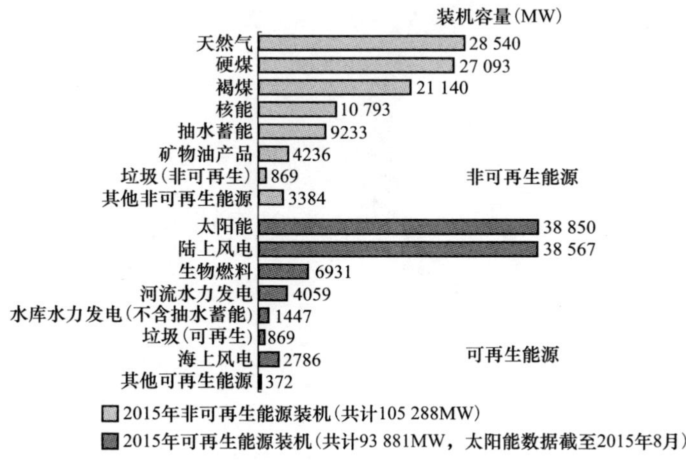

图 5-2　德国各类电源装机容量（2015 年数据）

势头迅猛，由2013年的508MW猛增到2015年的2.8GW。在可以预见的未来，海上风电还将得到更进一步的发展。

总体来看，截至2015年9月，可再生能源的占比由2013年的44.1%提高到2015年的47.1%；可再生能源中，占前两位的太阳能及陆上风能总装机容量为77.4GW，已经超过非可再生能源前三位（天然气、硬煤、褐煤）之总和76.8GW。可再生能源大规模替换传统能源是大势所趋。

2. 各类电源发电量情况

如图5-3所示，从发电量上看，截至2015年底，德国各类电源总发电量为647TW·h，可再生能源的总发电量占总发电量的29.0%，约1/3。其中风电和太阳能分别占到总发电量的12.3%和6%。从另外一个方面看，可再生能源的装机容量虽然已经占到总容量的47.1%，但实际发电量仅占29%，其中与风电装机容量大致相当的太阳能的实际发电量仅占风电的一半左右。

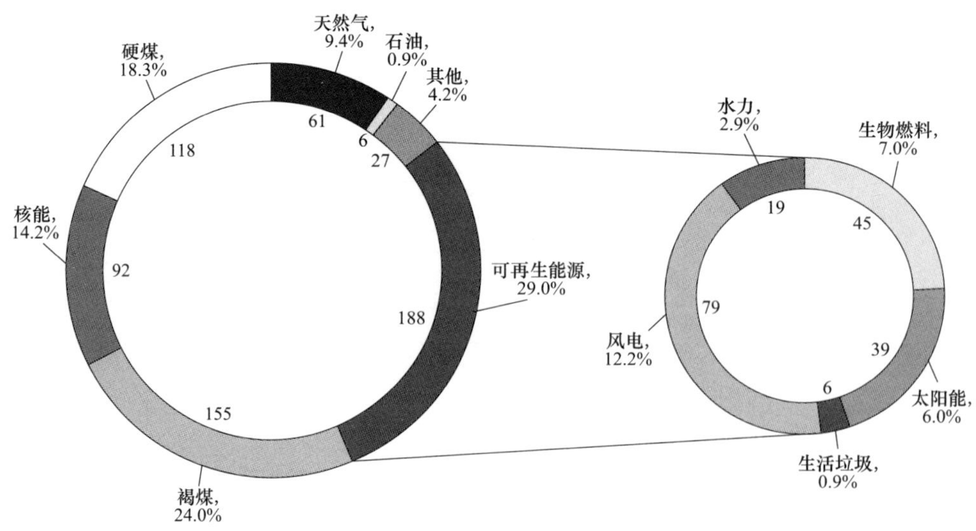

图5-3 德国各类电源发电量2015年数据（单位：TW·h）

5.1.2 电网结构

1. 国内电网互联、跨国电网互联情况

如表5-1所示，截至2014年底，德国共有4家输电企业和813家配电企业。全国输电线路共计180.7万km，其中高压及超高压线路13.1万km，中低压线路167.6万km。全国共计5000万用户（以电表数量记），其中非居民电表317万只，居民电表4692万只。数据表明民用电表占绝大多数。

表5-1 德国2014年电网结构数据

项目	输电企业	配电企业	总计
输配电企业数量（家）	4	813	817
总线路长度（km）	34 612	1 772 400	1 807 012
其中超高压	34 388	349	34 737
高压	224	96 149	96 373
中压	0	511 591	511 591
低压	0	1 164 311	1 164 311
总用户数（电表数）	565	50 087 805	50 088 370
其中工业、商业和其他非居民用户		3 169 102	3 169 667
居民用户		46 918 703	46 918 703

德国电网结构以380～400kV输电线路作为网络主干；辅之以220～275kV输电线路作为支撑；另外，来自北海的海上风电经由直流输电系统从北部沿海输往陆地。作为传统工业聚集区的鲁尔区和位于西南部的巴登符腾堡州工商业最为发达，电网分布也就更为密集。

与德国接壤的国家共计9国，分别为丹麦、波兰、捷克、奥地利、瑞士、法国、卢森堡、比利时及荷兰。跨国间的输电网主要由380～400kV线路组成，220～285kV输电线路作为辅助。其中380～400kV线路总计

28条，220～285kV输电线路31条。

2. 国内电网和跨国通道网络阻塞情况

（1）国内电网通道网络阻塞情况。

根据德国网监会2014年公布的数据表明（如表5-2所示），由于电网通道网络阻塞，各输电网公司都进行了不同时长的再调度操作。其中TenneT公司的再调度时长最长，达5000h；50Hertz公司的再调度电量最大，达1751GW·h。再调度净成本2014年全年达到1.86亿欧元。

表5-2　　再调度数据2014年

电网区域	市场（h）	电量（GW·h）	总电量（GW·h）	再调度净成本（百万欧元）
特内特（TenneT）公司	5000	813	1629	186.7
50赫兹（50Hertz）公司	3230	1751	3502	
跨网（Transnet BW）公司	119	16	25	
安普利翁（Amprion）公司	104	20	41	

由于北海风电的接入，纵观德国整体电力网络，形成了北部地区高发电量、南部地区高用电量的长期局面。从国内电网阻塞情况分析，2014年全国网络阻塞超过500h的线路共计4段，分别位于下萨克森州内（两段）、梅前州-勃兰登堡州之间及巴伐利亚州内；阻塞时长介于250～500h的线路共计3段，分别位于石荷州内、萨克斯州内及黑森州内；阻塞时长介于50～250h的线路共计3段，分别位于巴符州内、黑森州内及萨克森州内。

（2）跨国通道网络阻塞情况。随着跨国输电需求的增加，在跨国输电容量有限的情况下，跨国通道阻塞的情况无法避免。目前欧洲跨国通道网络阻塞的问题，是通过通道容量使用权拍卖的方式解决的。拍卖可分为年输电权拍卖、月输电权拍卖和日输电权拍卖。

联合分配办公室（Joint Allocation Office，JAO）是由来自 17 个国家的 20 个输电企业共同成立的联合办公公司，专门负责跨国输电容量的拍卖。这 20 个输电企业中就包括了德国全部四家输电企业，即特内特（TenneT）公司、50 赫兹（50Hertz）公司、跨网（Transnet BW）公司和安普利翁（Amprion）公司。JAO 是 2015 年由位于德国的中央分配办公室（CAO Central Allocation Office GmbH）和位于卢森堡的 CASA 公司（CASC.EU S.A.）这两家跨国输电容量协调机构合并而来。德国、荷兰、法国等国家 2013－2014 年平均可用跨国输电容量如图 5-4 所示。

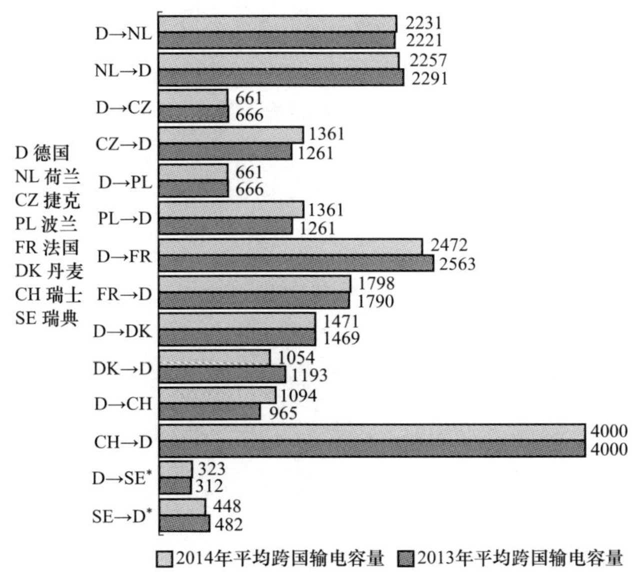

图 5-4　平均可用跨国输电容量（单位：MW）

来源：欧洲市场耦合公司。

5.1.3　电力供需

1. 负荷结构

就用电类型而言，德国近 10 年来展现出高度的稳定性：除 2009 年受金融危机冲击，造成工业用电有较大幅度降幅以外，其他年份各类用电负荷基本保持在同一个水平线上。按从高到低排列依次为工业用电，约占 46%；居民用电，约占 25%；商业及服务业，约占 25%；交通用电，约占 2%；农业用电，约占 2%。德国 2005－2015 年净电能消耗趋势如图 5-5 所示。

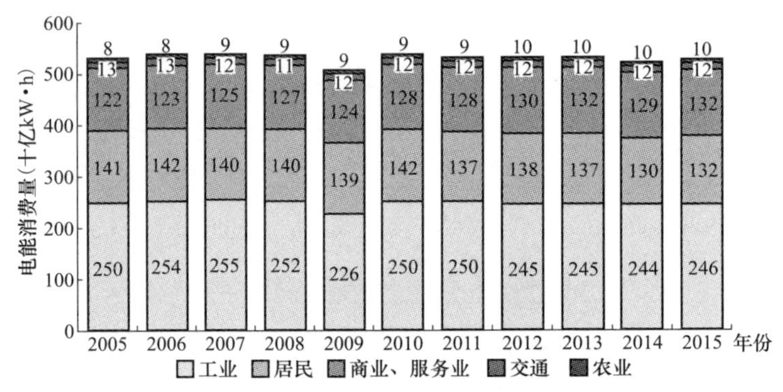

图 5-5　德国 2005－2015 年净电能消耗趋势

来源：德国能源与水利工业协会（BDEW）：Stand 04/2016。

2. 负荷曲线特点

德国 2015－2016 年月度用电量情况如图 5-6 所示。从月用电量来看，德国 2015 年前三季度及 2016 年前三季度全国总电力负荷具有完全一致的变化趋势。用电峰值通常出现在冬季（1 月份），分别消耗 500 亿 kW·h 和 490 亿 kW·h；用电低谷通常在夏季（6 月份），分别消耗 437 亿 kW·h 和 430 亿 kW·h。总体来看，德国全年电力消耗随季节变换的变化相对不大，不超过 10%；年与年之间的变化也极其微小，幅度小于 3%。

德国 2014 年及 2015 年平均日负荷分布情况如图 5-7 所示。从日负荷曲线来看，年与年之间的区别极其微小，从另一个侧面可以看出德国整体经济的稳定性。就具体分时段用电量的数据来分析，可以看出用电高峰通常出现在正午时间段内，2014 年及 2015 年 11:00－12:00 分别消耗 7420 万 kW 及 740 万 kW；用电低谷通常出现在凌晨时间段内，2014 年及 2015 年 02:00—03:00 时分别消耗 482 万 kW 及 487 万 kW。

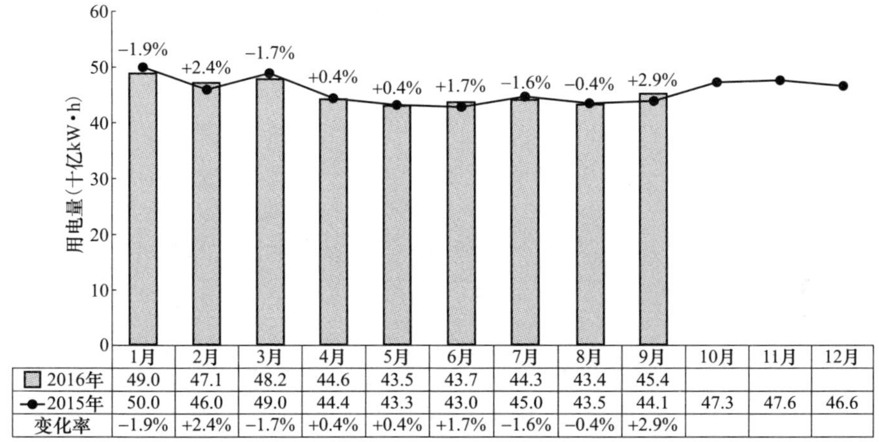

	1月	2月	3月	4月	5月	6月	7月	8月	9月	10月	11月	12月
2016年	49.0	47.1	48.2	44.6	43.5	43.7	44.3	43.4	45.4			
2015年	50.0	46.0	49.0	44.4	43.3	43.0	45.0	43.5	44.1	47.3	47.6	46.6
变化率	−1.9%	+2.4%	−1.7%	+0.4%	+0.4%	+1.7%	−1.6%	−0.4%	+2.9%			

图 5-6 德国 2015—2016 年月度用电量情况

来源：BDEW-Schnellstatistikethebung.Stat.Bundesamt.EEX.VGB.ZSW; Stand: 22.11.2016.

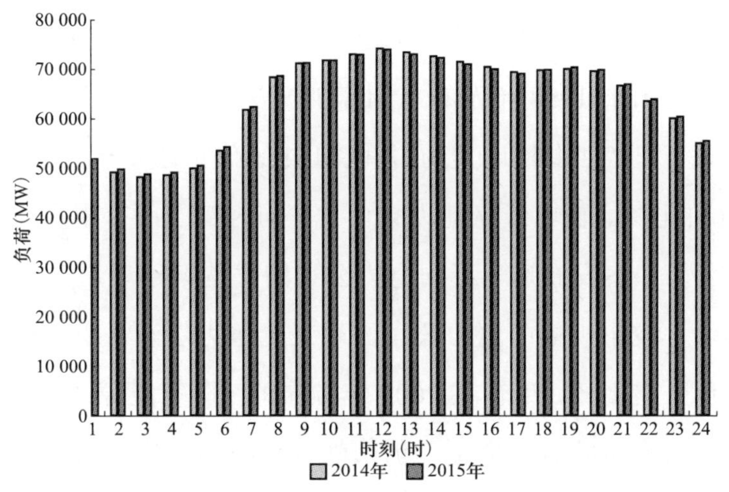

图 5-7 德国 2014 年及 2015 年平均日负荷分布情况

（一年 12 个月各月第 3 个星期三的平均值）

从负荷分布来看，2013 年德国总用电量为 6049 亿 kW·h。总用电量排在前三位的为北威州、拜仁州及巴符州。用电量能够一定程度上体现经济发展水平，可以看出前东德地区各州的用电量普遍相对较低。

5.2 电力市场化改革总体历程

德国电力市场化改革始于 1998 年。改革之前，德国电力工业结构以分散性和多元性为特征，没有国家级电力公司。1997 年，德国大约有 1000 家电力公司，以签订契约的方式划分经营范围，某一确定区域内只有唯一的供电公司。这些电力公司按照供电区域大小可以划分为区域电力公司（8 家）、地区电力公司（80 家）和地方电力公司（900 多家）三类。八大区域电力公司共占据德国发电市场 79%和售电市场 51%的市场份额，其中的 5 家（RWE、VEW、EnBW、BEWAG 和 HEW）为发电、输电、配电、售电一体化公司，另外 3 家（VEBA、VIAG 和 VEAG）主要从事发电、输电业务。

1996 年，欧盟颁布指导条例，要求各国全面开放能源输送市场。在此基础上，德国于 1998 年发布《国家能源法案》，核心内容是废除“区域划定契约”和“独占特许契约”，取消限制竞争的条令，促进“第三方介入”，允许电厂、输电线路建设自由化，同时赋予所有用户自由选择供电商的权力。法案发布后，不同电力公司间并购案逐渐增多，并在 2001 年达到顶峰，较小规模的电力公司因缺乏竞争力逐渐从市场中消失。此后德国电价一路上扬，尽管在 2005 年颁布的《国家能源法案》中规定了一系列对电力公司的监管措施，仍未能有效控制电价上涨趋势。

5.3 电力行业结构现状

改革初期，市场开放极大地推动了能源企业兼并重组，八大区域电力公司重组为 4 家，市场集中度进一步提高。目前，4 家大型一体化能源企业 E.ON、RWE、EnBW、Vattenfall（瑞典最大的电力公司）占据德国发电市场 80%及零售市场 50%的市场份额。输电网由 4 家电网公司分区域调度运行，分别为 EnBW、TenneT、Amprion 和 50Hertz。配电网络产权分散，有 836 家公共或私营的配电网络经营企业。零售市场上有超过 1000 个售电商，所有用户均拥有自由选择权。德国电力行业结构示意如图 5-8 所示。

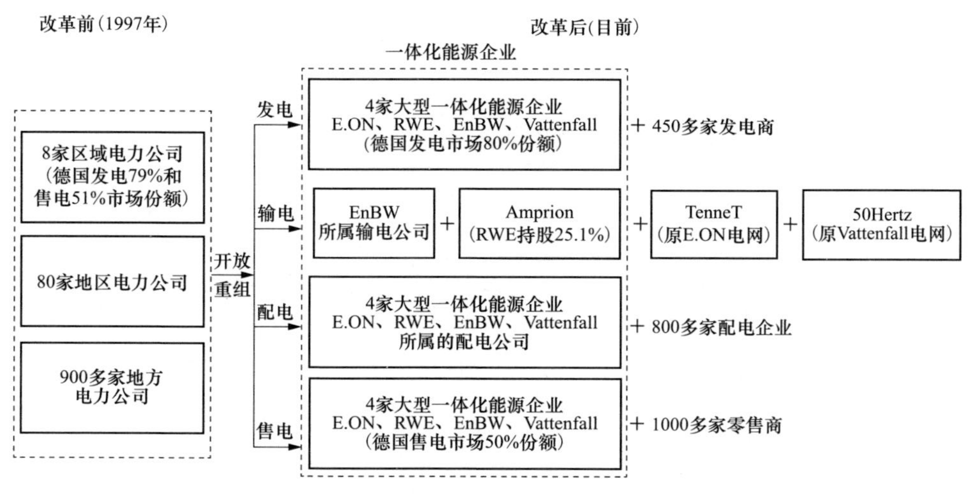

图 5-8　德国电力行业结构示意图

5.4 电力市场模式与运行情况

1. 公开市场交易与双边交易

电力市场一般分批发市场和零售市场，批发市场按交易方式分为公开市场交易和双边交易。德国批发市场由位于莱比锡的 EEX 和巴黎的 EPEX SPOT 执行。其中 EPEX SPOT 是一个包含德国、法国、奥地利、瑞士、卢森堡 5 国的现货市场，其现货价格依照国家边界划分为若干个定价区并进行计算。EEX 则作为 EPEX SPOT 的大股东，基于各定价区的电力现货价格，运行电力衍生品（期货、期权）市场。电力衍生品市场覆盖的国家范围甚至超过 EPEX SPOT 的范围。

双边市场在场外进行（Over the Counter，OTC），公开市场无法获得交易情况。只有双边交易通过公开市场结算/交割的这部分可以准确获得。由于其交易规则灵活，主要交易电力期货与其他衍生品，所以除了传统的电力供求方外，也有大量金融机构参与其中投机获利。

图 5-9 比较了德国双边市场通过公开市场结算的电量与 EEX 市场主推的 Phelix 期货交易的电量。可以发现，公开市场的期货交易量逐年上升，并在逐步挤占 OTC 的市场份额。

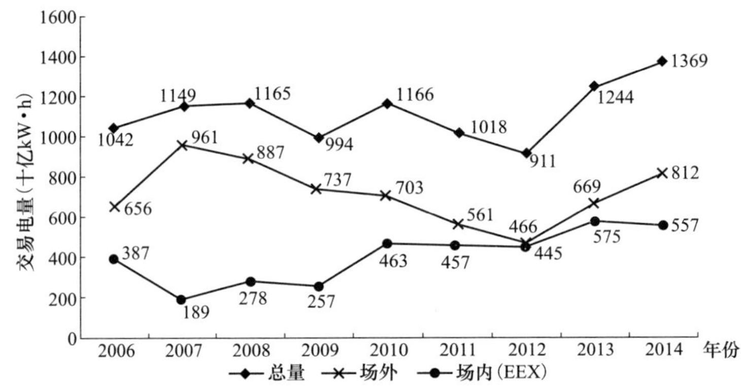

图 5-9　场外结算交易量与 EEX Phelix 期货远期交易量

2. 中长期交易、日前、日内、实时市场的组织方式

电力交易按形式可分为衍生品交易和现货交易。中长期交易以期货交易的方式同时在场内（EEX）和场外（OTC）进行。OTC 的合约方式灵活，但较少公开。EEX 则在公开的平台上进行交易针对的电力期货、期权。

德国的日前和日内市场由 EPEX SPOT 组织。其中，德国和奥地利的日前市场 Day ahead auction 已经合并。电力供给方以德国四大输电网和奥地利输电网为五大区域，以小时或各种各样的时间段（例如基荷、峰荷、早晨、正午、下午、傍晚、商业营业时间等）拍卖。

德国的日内拍卖市场（Intraday Auction）在每日 15:00 关闭。分别在四大输电网区域拍卖以 15min 为时间段的次日的电量。日内连续市场（Intraday Continuous）在每日 15:00 开启，分别在四大输电网区域交易次日每小时的电量。自每日 16:00 起可以交易每 15min 的电量。OTC 市场的交易电量也在此时进行交割。交易到电能交付前 30min（此前为 45min，EPEX 其他部分国家仍为 60min）关闭。

3. 辅助服务市场情况

与现货市场不同的是辅助服务市场用于保证系统稳定，因此不由诸如 EPEX 的第三方交易机构，而由各输电公司在其辖区内主持。

辅助服务包括调频服务、无功服务、黑启动服务等。与现货市场最密切相关的是调频服务。调频服务根据其时长可分为一次、二次和三次。德国输电条例决定，一次调频响应时间在 30s 以内，持续时间从 0 到数十秒，由同步电动机自动启动。二次调频全热备容量响应时间在 5min 以内，持续时间从 30s～15min，可以由同步电动机自动启动或由输电网公司远程控制。三次调频（分钟级备用）全热备容量响应时间为 15min，持续时间从 1h 到数小时，由输电网公司预约或电话通知后手动启动。

得到认证的发电商通过统一的在线平台向各输电网公司投标，计价时，考虑热备发电能力的大小及发生不平衡时实际提供电能的多少。输电网公司有责任公布其每 15min 使用的调频容量和价格。

值得注意的是，由于调频市场的存在，在德国每个输电网公司的辖区内各自形成了若干名为平衡集团（Balancing Group）的经济实体。在每个平衡集团中，当每 15min 的电力供求与现货市场交割量不符时，平衡集团会优先从其内部寻找可调配的正/负容量，若无法满足时再从输电网公司购买辅助服务。

4. 售电市场对新能源消纳的作用

当前德国《可再生能源法》规定，电网公司有义务消纳新能源，必须100%支付新能源。因此，售电市场不起消纳作用，只是被动消纳新能源的交易平台。

5. 欧洲统一电力市场

当前欧洲各国电力市场已经建立，可再生能源消纳比例很高。在此情况下，建立跨国电力市场乃至统一电力市场的主要目标是削平各国现货市场上的电价差异。从目前来看，离这一目标还比较遥远。其中的主要制约因素是跨国输电线路的损益分析模型不明，对各输电网公司缺乏激励机制。

6 西班牙电力市场建设与实践

6.1 电力工业发展概况

6.1.1 电源结构

1. 各类电源装机和发电情况

西班牙电源装机以联合循环机组、火电、水电为主。截至 2015 年底，西班牙电网总装机容量为 101 027.17MW，其中，水电 20 351.72MW、核电 7572.58MW、煤电 10 468.02MW、联合循环 24 947.71MW、风电 22 864.24MW。2015 年各发电方式装机容量及发电量详见表 6-1。可再生能源发电量变化情况见图 6-1。

表 6-1　　2015 年西班牙电力装机情况

项目	装机容量（MW）	发电量（GW·h）
水电	20 351.72	30 815
核电	7572.58	54 755
煤电	10 468.02	50 924
联合循环	24 947.71	25 334
风电	22 864.24	47 707
光伏	4420.39	7839
光热	2299.527	5085

续表

项目	装机容量（MW）	发电量（GW·h）
其他可再生能源	741.69	4615
热电联产	6683.89	25 076
垃圾发电	677.41	1886
合计	101 027.17	254 036

注　数据来源：西班牙电网公司（REE）。

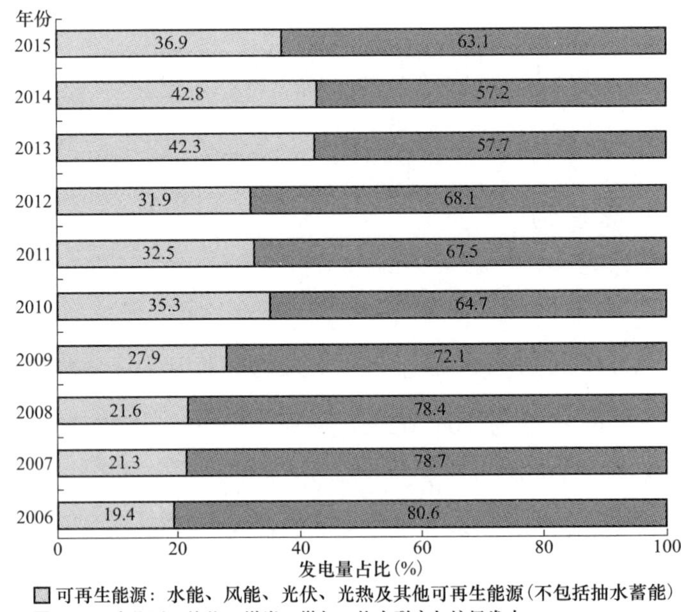

图 6-1　西班牙可再生能源发电量变化情况

2. 发电设备利用小时数

西班牙电力系统备用容量大，发电装机容量与最大用电负荷之比一直处于较高水平，发电设备利用小时数相对偏低，各类机组利用小时数如表 6-2 所示。2015 年，西班牙总装机容量与最大用电负荷比值为 2.48:1，在世界上处于较高水平。机组具体利用情况由市场竞价决定。燃气机组边际成本高于核电和燃煤机组，作为边际机组顶峰发电，发电利用小时数低；核电、燃煤机组基本带基荷运行，发电利用小时数高；水电由于资源条件较差，发电利用小时数偏低。

表 6-2　　　　2015 年西班牙各类机组利用小时数

机组类型	利用小时数（h）
风电	2087
太阳能	1923
水电	1514
核电	7231
燃煤	4864
燃气	1015

6.1.2　电网结构

西班牙电网以 400kV 和 220kV 为骨干网架，已形成全国联网，并与法国等欧洲四国实现互联。近年来，西班牙加强了骨干网架和跨国联网建设，不断提高电网输送能力。截至 2015 年底，伊比利亚半岛输电线路回路长度为 42 986km，其中 400kV 线路 21 179km，220kV 及以下线路 21 807km，变电容量 84 544MVA，如表 6-3 所示。

表 6-3　　　　西班牙电网建设情况

项目	2011 年	2012 年	2013 年	2014 年	2015 年
400kV 线路长度（km）	19 671	20 109	20 639	21 094	21 179
220kV 线路长度（km）	18 410	18 779	19 053	19 192	19 387
110kV-130kV-150kV 线路长度（km）	272	272	272	272	398
110kV 线路长度（km）	2011	2014	2014	2014	2022
线路总长度（km）	40 364	41 174	41 978	42 572	42 986
变电容量（MVA）	72 869	78 629	81 289	83 939	84 544

跨国联网方面，西班牙通过 10 回 400kV、5 回 220kV 交流线路和 2 回直流线路与法国、葡萄牙和摩洛哥等国电网相联，最大功率交换能力为 685 万 kW，为西班牙风电、太阳能发电装机（2958.4 万 kW）的 23.2%。西班牙跨国交换电量情况如图 6-2 所示。

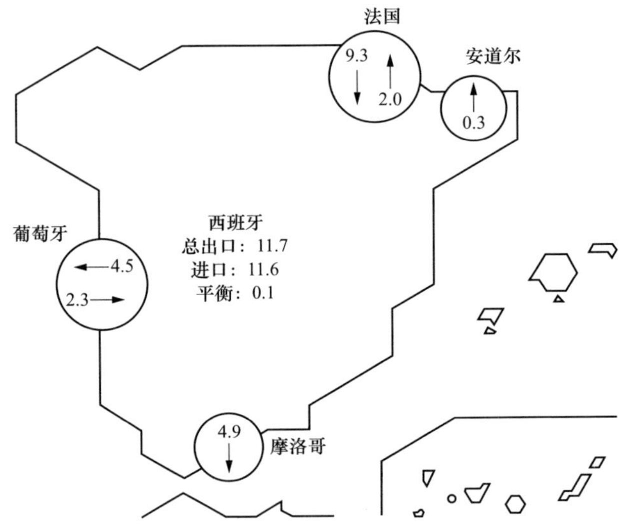

图 6-2　西班牙跨国交换电量情况（单位：TW・h）

6.1.3　电力供需

近年来，西班牙电网负荷呈现稳中有降的趋势（如图 6-3 所示），2015 年西班牙伊比利亚半岛电网负荷较 2014 年增长 1.8%，是 2010 年来的首次增长。工业、商业服务业、居民生活是西班牙用电最多的部门，合计占用电总量的 90%以上。西班牙不同地区负荷也不同。电力负荷主要集中在中部的马德里地区和东部的巴塞罗那地区。

2015 年度最大负荷为 40 726MW，2012 年以来最高负荷呈总体下降的趋势，如图 6-4 所示。

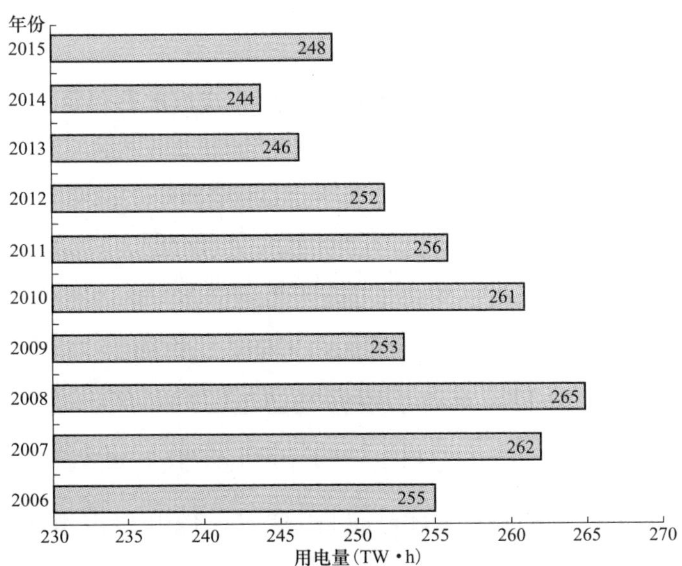

图 6-3 西班牙伊比利亚半岛电网用电量变化趋势

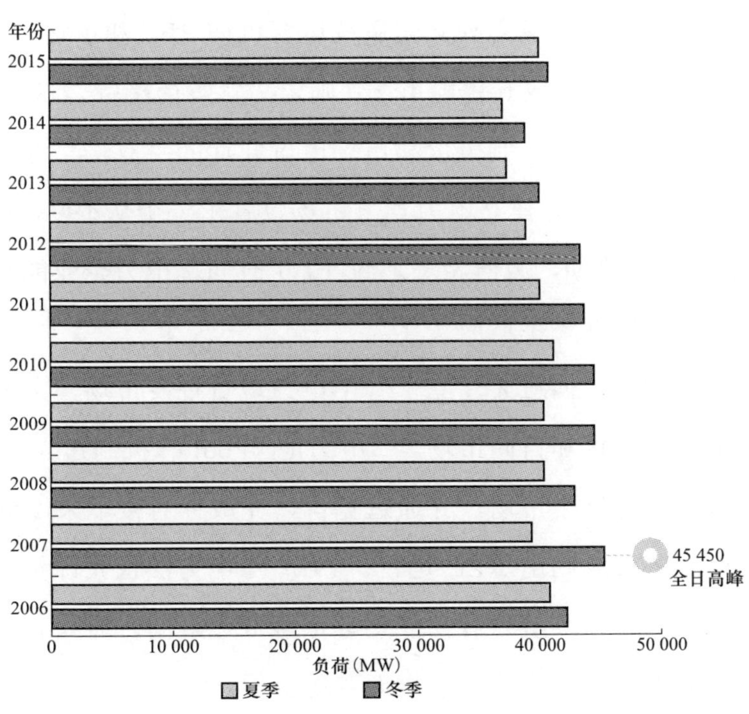

图 6-4 西班牙伊比利亚半岛电网年度最高负荷变化趋势

6.2 电力市场化改革总体历程

改革前西班牙电力行业由国家垂直一体化电力公司 Endesa 独家经营。1985 年，西班牙开始了能源行业国有企业改革，成立了西班牙电网公司（Red Eléctrica de España，REE）。1988 年 Endesa 开始逐渐私有化。

1997 年 11 月 27 日，西班牙根据欧盟电力改革统一要求，开始电力市场化改革，颁布新《电力法》（LEY 54/1997）来执行欧盟指令 96/92/EC。这次改革有 4 个主要措施，即市场自由准入、放开售电市场、发电领域引入竞争及自由定价。《电力法》承诺，对西班牙的垂直一体化的电力系统进行拆分，分为受管制的输配电网部分和非管制的发电、售电部分；在发电领域引入竞争；成立独立的系统运营机构 REE 和市场运营机构；电网第三方准入；逐步放开售电市场；确定“竞争衔接费”。对于电力用户而言，他们开始面对管制电价和市场电价并行的“双轨”电价体系。

1997 年《电力法》为建立电力竞争市场设置了一个从 1998 年到 2007 年长达 10 年的过渡期，政府希望通过 10 年时间，电力企业能够维持财务平衡，用户也能够逐步适应变化。

放开发电侧后，西班牙建立了一个电力现货批发市场，主要包括西班牙国内的日前市场和日间市场。“电力池（Pool）”机制建立，发电商、大用户都可以参与这个市场，并通过竞价，完成针对接下来 24h 的电力交易。辅助服务市场则由 REE 运营。1997 年电力法也允许买卖双方签订双边合同。所有市场参与者都能签订金融双边合同，而只有发电企业和具有资质的大用户，才能签订物理双边合同。

1997 年 12 月 24 日，伊比利亚能源市场交易运行机构（the Operador del Mercado Ibérico de Energía，S.A.，OMEL）成立，作为一个独立交易

机构，其主要任务是管理西班牙电力和天然气交易市场的运行。

2004 年 10 月 1 日，西班牙和葡萄牙签订协议，建立伊比利亚电力交易中心（Mercado Ibérico de la Electricidad，MIBEL），由两国共有。2011 年 6 月 1 日，委托给 OMEL 管理并运行伊比利亚电力市场，OMEL 由此也独立为各相关方参股的股份公司。OMEL 主要提供两国电力现货交易。

6.3 电力行业结构现状

1. 监管机构方面

西班牙能源部负责能源政策、能源规划、电力法规的制定和监督执行。各电力公司在上述政策、法规、规划的基础上进行电力建设和运营。目前对西班牙电力工业的发展和运营起着主导作用的协调机构是西班牙电业联合会，它由 21 家电力公司联合组成，其中 15 家为私营电力公司，6 家为国营电力公司。

2. 电力企业结构

西班牙全国分为 7 个电力管理区，各区间进行电力交换，调剂余缺。西班牙的电力公司有公营、私营两类，整个西班牙的电力市场已从 Endesa 和 Iberdrola 两家独大，通过兼并和收购，发展到了 5 家电力公司领跑市场的局面，分别是 Endesa、Iberdrola、Gas Natural Fenosa、E.ON 和 EDP Hidroeléctrica Energía。截至 2013 年 12 月，在发电市场上，Endesa 和 Iberdrola 市场份额超过 40%。在售电市场上，Endesa 份额高达 34%，Iberdrola 为 20%，五大电力公司的市场份额为 80%，尤其是在居民售电领域，其 HHI 高达 3295，五大电力公司的市场份额为 98%。经过近些年的发展，工业售电市场的开放度明显高于居民和中小企业售电市场，出现了 FORITA、AXPO、Villar 等多家售电公司。西班牙电力企业原有3000 余家，几经合并，现有 600 家，其中 191 家经营发电业务，409 家经营配电业务，仍有进一步合并的趋势。

6.4 电力市场模式与运行情况

6.4.1 伊比利亚市场基本情况

伊比利亚电力市场（Iberian electricity market，MIBEL）于 2007 年 7 月 1 日成立，是西班牙和葡萄牙的电力批发市场。伊比利亚电能市场包括日前市场、日内市场、期货市场、服务调节市场和双边合同。由西班牙的 OMIE 负责运行现货市场，由葡萄牙的公司 OMIP 负责运行期货市场。输电运营商和市场运营商是分别独立运行的。市场运行者负责系统日前和日内市场的财务管理。市场运营者的职责包括接收电力销售和购买标的，对已经达成的销售和日前以及日内市场的所有操作进行管理。市场运营者同样接受来自系统运营商的双边合约，验证与市场中竞标的关系。

6.4.2 可中断负荷拍卖市场

西班牙建立了可中断负荷拍卖市场，当新能源实际发电与预测大幅下降时，调度机构通过启动可中断负荷机制，实现需求侧对新能源发电出力变化的响应，可中断负荷获得市场化补偿。

6.4.3 双边交易和现货市场交易量

2015 年西班牙日前电能交易量为 247TW · h，其中 72.7%通过现货市场集中交易，27.3%通过双边合同完成交易。图 6-5 展示了西班牙现货市场交易电量结构。

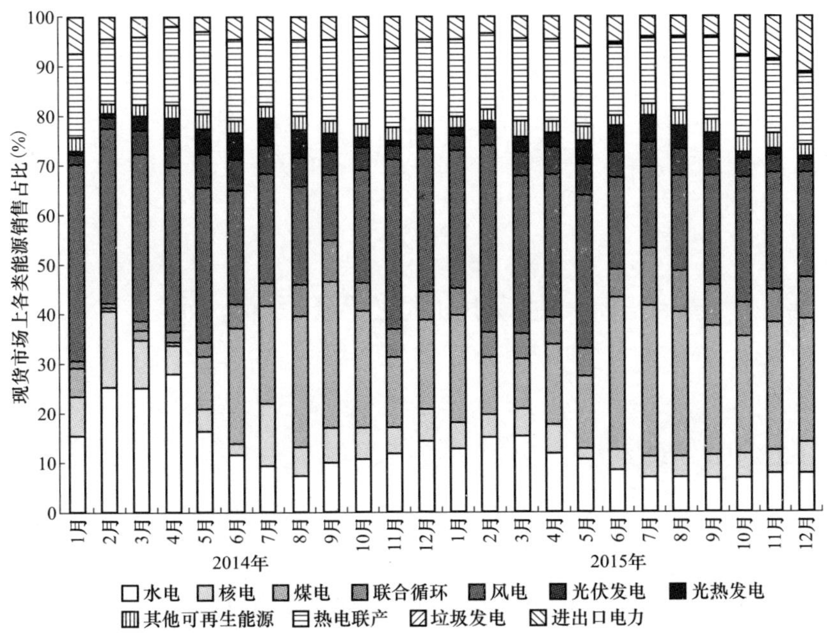

图 6-5 西班牙现货市场交易电量结构

7 日本电力市场建设与实践

7.1 电力工业发展概况

7.1.1 电源结构

截至 2017 年 3 月，日本正在运行的发电厂共有 4020 个[1]。全国总装机容量为 29 8352MW，其中水电装机容量为 28 006MW，煤电装机容量为 45 911MW，液化天然气（LNG）装机容量为 80 264MW，石油装机容量为 37 226MW，核电装机容量为 41 482MW，新能源装机容量为 12 839MW，其他装机容量为 52 621.43MW。2017 年 3 月各类装机结构如表 7-1、图 7-1 所示。

表 7-1 日本电源装机情况

电源类型	装机容量（MW）	占比（%）
水电	28 006.85	9.39
煤电	45 911.89	15.39
LNG	80 264.11	26.90
石油	37 226.85	12.48
核电	41 482	13.90
新能源	12 839	4.30

[1] 经产省数据，不含私人发电设备。

续表

电源类型	装机容量（MW）	占比（%）
其他	52 621.43	17.64
合计	29 8352.1	100.00

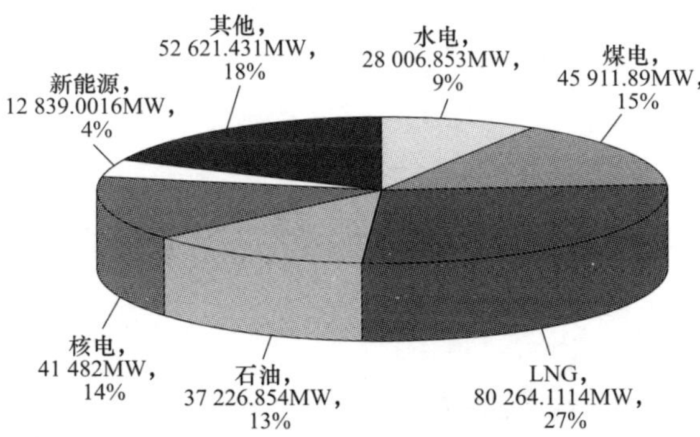

图 7-1 2017 年 3 月日本电力装机结构示意图

7.1.2 电网结构

电网互联工作从 1960 年开始。东京、东北、北海道 3 个电网使用 50Hz 系统，其余 6 个电网使用 60Hz 系统，内部采用 500kV 输电线路互联。至 1999 年 3 月，除冲绳外，日本已实现了全国联网。九大电力公司之间电源结构趋同。日本九大电力公司电网之间是弱联系，电量交换的比率仅为 6.4%。

日本运行中的超高压输电线路有 5 种电压等级，即 500kV、275kV、220kV、187kV 和 132kV。

7.1.3 电力供需

根据日本经济产业省的统计结果，2016 财年[1]（2016 年 4 月－2017

---

[1] 日本会计年度从每年 4 月开始。

年 4 月），日本全国电力企业总发电量为 9079 亿 kW • h。日本全国电力需求量为 8997 亿 kW •h，比 2015 年度提高 6.9%。这是日本近 4 年来首次电力需求量出现增长。电力企业售电量共 8505 亿 kW • h，比 2015 年度增加 1.5%。售电侧放开后成立的新售电公司售电量共 667 亿 kW • h，占全国电力企业售电量的 7.8%。

7.2 电力市场化改革总体历程

7.2.1 改革总体模式和历程

同世界大多数实施电力体制改革的发达国家一样，日本从 20 世纪 90 年代开始探讨电力放松管制和实施自由化，除国际大背景外，还由消除国内对高电价的不满和在通信、金融等行业实施放松管制的大环境所决定。截至目前，日本电力市场采取发电、输电、配电、售电一体，发电侧和售电侧允许竞争的模式，用电负荷 5 0kW 以上的用户可以自由选择供电商。

日本在改革前由十大垂直一体化的私有电力公司实行区域垄断经营。1995 年，日本首先在发电侧引入竞争，引入独立发电企业（IPP）参与发电竞争；2000 年 3 月，开始允许电力零售竞争，开放 2000kW 以上电力大用户自由选择供电商；2004 年 4 月，允许 500kW 用户自由选择供电商；2005 年 4 月，进一步允许 50kW 用户自由选择供电商，自由化用户用电量已占到全部用电量的 60%；2008 年，根据对 2007 年是否扩大放开用户选择权范围的讨论结果，日本决定推迟电力售电侧的全面放开，并决定 2013 年进行重新讨论；2011 年福岛核电事故后，日本提出新一轮电力改革思路框架；2013 年，日本内阁通过新一轮电力改革方案。2015 年，日本参议院通过了新的《电气事业法》修正案，提出改革方案第三阶段内容。三个阶段的改革方案全部制定完成，并上升为法律。

2016 年，日本全面开放电力零售市场，取消居民电价管制，允许所有用户自由选择售电商。

7.2.2 改革背景及动因

进入 20 世纪 90 年代后，日本经济持续低迷，电力工业增长也同步放缓。在经济增长放缓后，改革的压力开始增大，电力用户希望通过打破垄断，引入竞争机制，从而达到降低电价、提高发展效率，进而促进经济发展的目的。受日本国内要求解决电力高成本和缩小国内外电价差距的呼声，以及受国际上电信、电力等垄断行业放松规制改革潮流的影响，日本从 20 世纪 90 年代初开始正式讨论电力行业自由化问题。1995 年，日本修订的《电力法》确立了独立发电企业（IPP）的法律地位，初步放开了发电侧准入。改革的重点是自由化、市场化，改革的目的是建立竞争机制，以市场的力量降低电价。

1. 经济因素

日本在经历了第二次世界大战后的恢复和改革后，1955 年进入经济高速发展时期。1953－1973 年的 20 年中日本经济的实际年平均增长率达到 10%。同时，日本在 20 年的高速增长阶段完成了产业结构向高层次的发展。20 世纪 70 年代两次爆发石油危机，对严重依赖进口能源的日本经济形成重大打击，促使日本的产业结构、能源结构发生重大调整。

以 1985 年广场协议为标志，日本经济逐步进入泡沫期。广场协议后，由于汇率上升导致出口降低带来升值萧条，日本被迫降低国内利率刺激经济，国内货币供给大增；在美国的施压下，日本逐步放开金融市场，实行利率市场化，银行间的竞争促使银行业将资金投入高风险、高回报的项目上，全社会流动性大幅度增加。由此导致泡沫经济的产生。20世纪90年代以后，随着泡沫经济的破裂，日本进入周期性经济萧条，投资和消费均受到抑制，日本经济进入了长期萧条的阶段。产业结构不断调整，制造业逐步外迁，服务业不断发展。经济发展的变化及产业结构调整对能源消费产生重大影响，日本投入大量精力用于提高能源利用效率，发展能源节约型经济发展模式。

自遭遇20世纪80年代末、90年代初泡沫经济的严重打击后，日本经济近10年一直呈现负增长的趋势。直到近些年日本经济才稍微回暖，可是又很不幸地卷入了美国华尔街引起的金融风暴之中。而且福岛核事故发生后，日本社会各界要求打破电力垄断的呼声很高。同时，地震和核电站停运导致电力供应短缺，特别是强制停电限电给日本民众生活和生产带来了很大损失。如何重建日本的安全供电保障体系，使日本政府面临巨大压力。日本政府认为电力行业需要通过新的制度改革来解决能源安全、廉价供应问题，增强电力安全供应能力。宏观经济的变化对电力体制改革产生了关键的推动作用。

2. 政治因素

日本电力改革也受到政治因素的影响。日本的电力工业在第二次世界大战后已经基本私有化，各家电力公司是私人企业。政府违反股东意愿，按照法律强制实施电力行业拆分的困难极大。行政和立法机构除了要证明电力行业的拆分符合“公共利益”，还要证明除了按照法律强制实施组织与资产拆分之外，没有其他方法可以实现这种公共利益。因此，日本没有实施“所有权分离”这种完全分离形式，而是采用了“会计和功能分离”形式。

3. 能源因素

日本能源资源匮乏。战后以来，日本的能源利用结构一直都存在着诸多不稳定因素。其一是日本呈现较高的能源进口依存度。2008 年日本能源进口依存度为 82%（包括核电），不包括核电则高达 96%，其能源供给结构在主要发达国家中是比较脆弱的；其二是其电力能源市场发展空间的有限性。石油的 14.4%、煤炭的 54.7%、天然气的 60.6%均已用于电力生产，72.1%的可再生能源和 100%的核能也都已集中在电力行业。电力供应结构中各种能源利用率的进一步提升存在一定难度；其三是除石油、天然气和煤炭等化石能源外，可再生能源在日本的电力结构中所占比率较低，制约了日本电力能源利用结构的多元化发展。2008 年日本的电力能源结构中，包括风力、太阳能、地热等在内的自然能源所提供的电力约占 2.8%，水电占 7.1%，核电占 24%。尽管近年来日本十分重视原料和能源外交，积极加强海外原料和能源生产方面的投资，开辟石油、天然气进口的新渠道，开发节能技术和替代能源方面的优势，但毕竟原料和资源都在它国境内，一旦发生变故，原料和能源就难以顺利运到日本国内，日本对此也无可奈何。因此，日本无法从根本上改变自身在原料和能源上受制于人的局面，从而也就难以成为独立发挥影响的世界大国。

因此，日本电力市场化改革的一个重要特点就是维持了改革前形成的十大电力公司（北海道、东北、东京、中部、北陆、关西、中国、四国、九州、冲绳电力公司）的发电、输电、配电、售电垂直一体化体制。这主要出于以下几个方面的考虑：

（1）确保能源安全。日本能源自给率较低，能源消费的 80%依赖进口，因此，日本政府大力鼓励核电建设。政府认为，保持垂直一体化体制有利于在保持供电稳定的前提下促进核电的大力发展。

（2）确保电力安全稳定供应。

1）日本电力负荷全天变化剧烈，政府认为，垂直一体化的电力供应更有能力应对这种负荷的急剧变化。

2）日本为串联型电网系统，联络线上通过大电流时容易出现稳定问题，跨电力公司之间的大规模电力输送受到很大限制，各电力公司需要各自保持供需平衡。

3）由于日本电厂和输电线路建设周期长，缺电时无法立即追加供电能力，日本电力行业认为保持垂直一体化体制有利于确保安全稳定供电。

（3）协调厂网规划，提高输电线路利用效率。保持垂直一体化体制可以更好地协调电厂和电网建设规划，有利于开展整体的、有计划的发电和电网建设投资，也有利于有效利用昂贵的输电线路。目前，日本输电线的电流密度是其他国家的 2～3 倍。

7.3 电力行业结构现状

日本内阁在 2014 年 2 月 28 日，通过的新《电气事业法》修正案，提出改革方案第二阶段具体方案中对日本电力工业进行了重新的设计和定义，如图 7-2 所示。

改革前日本的电力工业结构（如表 7-2 所示）中电力企业分为一般电力企业（十大电力公司）、趸售电力企业（包括日本电源开发公司和日本核电公司两家）、特定电力企业（为特定区域用户供电），特定规模电力企业（PPS）、趸售供电企业。为全面放开用户选择权，新法案对这些企业进行了重新划分。分为发电企业、输配电企业（分为三类）和售电企业，并规定了相应的权利和义务。

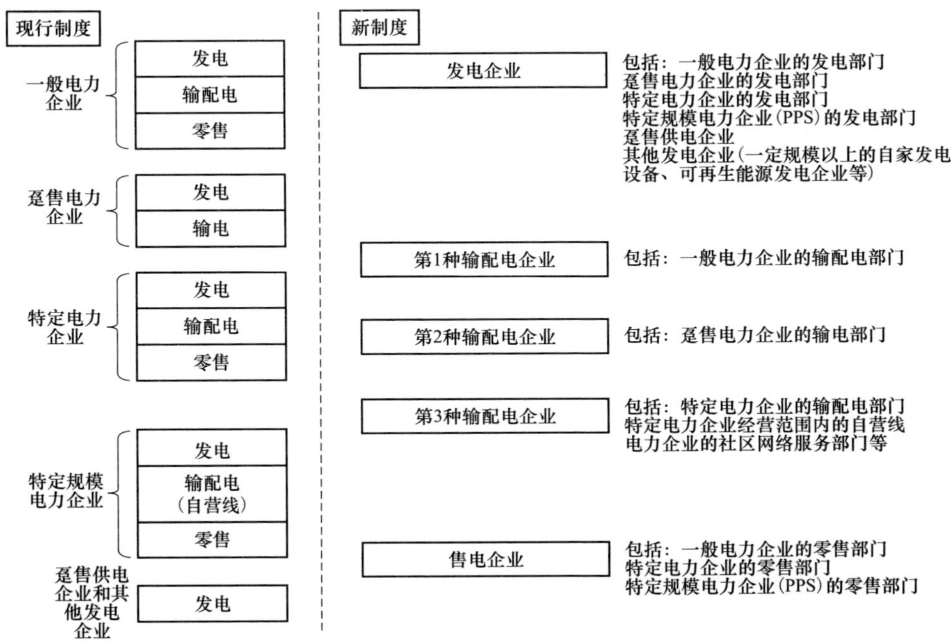

图 7-2　日本电力工业重新设计

表 7-2　　　　改革前日本的电力工业结构

电力工业企业分类	说明		主要企业
电力企业	一般电力企业	发电、输电、配电，售电一体的十大区域电力公司	东京电力、关西电力等
	趸售电力企业	向一般电力企业供电、装机超过 200 万 kW 以上的企业（有输电网资产）	仅 J-POWER（日本电源开发公司）、日本核电公司两家
	特定电力企业	仅向限定区域内用户供电，有自营线路（包括输电网及配电网）	东日本旅客铁道、住友共同电力、JFE 制钢等
	特定规模电力企业（PPS）	装机在 50kW 以上，可从事售电业务，部分企业有输配电资产，大部分企业通过十大电力公司电网托送电力，1999 年引入	大王造纸、松下电器等 100 多家
发电企业	趸售供电企业	向十大电力公司供电，不拥有电网资产。供电合同 10 年以上、装机容量 1000kW 以上或供电合同 5 年以上、装机容量 10 万 kW 以上的发电企业	由 IPP、共同火力（十大电力公司合资办的火电厂）、国营水电厂等组成
	其他发电企业	除趸售供电企业之外的发电企业	自备电厂、家庭发电富余电力外送

7.4 电力市场模式与运行情况

目前日本售电市场已全面放开。日本批发电力市场由电力交易所（JEPX）组织，主要职能是为各电力企业调剂余缺提供交易平台。各电力公司、发电公司及电力零售商在交易所中进行余缺电力的交易。目前，JEPX 有 3 个交易市场：现货交易市场（2009 年 9 月 28 日开展了半小时前电力交易）、期货交易市场（月交易和周交易）和公告牌市场。受福岛核电事故影响，日本加大了电力交易的力度，交易量有了较大的提升。

自 2016 年 4 月售电侧全面放开以来，批发电力交易所交易量大增。特别是 2017 年夏季交易量显著提升，日交易量超过 1 亿 kW·h 的天数也较往年大幅提高。2017 年 7 月 6 日创下约 1.4 亿 kW·h 的最高纪录。

截至 2016 年 12 月，从日本批发电力交易所（JEPX）成员的电力采购情况来看，有 20%以上的售电公司对批发市场具有较强的依赖性，其 80%的电力需在交易所购买。在这些参加交易的售电公司中，也包括代表多家零售商进行交易的企业，因此对市场采购高度依赖的企业的实际数量预计会更大。这也促进了日本批发市场的交易。

8 澳大利亚电力市场建设与实践

8.1 电力工业发展概况

8.1.1 电源结构

2017 年度，澳大利亚总装机容量约为 44.1GW，其中燃煤发电机组的装机容量为 21.2GW，占总装机容量的 48.1%；天然气发电机组的装机容量为 9GW，占总装机容量的 20.5%；水电装机容量为 7.5GW，占总装机容量的 17.1%；风电的装机容量为 3.9GW，占总装机容量的 8.8%；光伏的装机容量为 0.2GW，占总装机容量的 0.5%；其他装机容量为 2.3GW，占总装机容量的 5%。截至 2018 年 3 月，澳大利亚国家电力市场新批准的电源规划项目装机容量达到 4391MW，其中风电装机容量为 2023MW，光伏装机容量为 1877MW，天然气发电装机容量为 210MW。

8.1.2 电网结构

澳大利亚 6 个州和两个领地当中，在经济最发达、人口最密集的东部和东南部，由昆士兰、新南威尔士、南澳大利亚、维多利亚、塔斯马尼亚 5 个州和首都领地实现了电网互联，形成澳大利亚国家电力市场

（NEM）。NEM 区域范围内发电、输电、配电、售电全面分开，发电采用竞价上网，售电端通过市场竞争售电，输配电网络实行政府监管（定价）、公司运营的管理体制。其中维多利亚和南澳大利亚两个州的输电网（包括配电网）完成了私有化，其他各州输电网仍然归州政府所有并运营管理。

NEM 沿澳大利亚东部昆士兰州经新南威尔士州、首都领地、维多利亚州、南澳大利亚州到最南部塔斯马尼亚州横跨 4500km，是世界最大的互联电网系统之一。这一区域集中了澳大利亚人口、经济总量和用电量 90%左右。目前 NEM 作为澳大利亚国家电力市场，拥有约 200 家大型发电商、5 个独立的输电公司（指资产分属不同的州或私人投资者）和 3 个州际互连输电公司，形成了澳大利亚国家互联电网。

受历史原因和自然地理因素制约及区域人口社会经济发展不平衡等因素影响，北领地及西澳大利亚州电网与国家电力市场没有实现互联（今后联网的可能性也较小）。西澳大利亚州拥有西南互联系统（SWIS）和西北互联系统（NWIS）两个电网。其中西南互联系统（人口较为集中的西澳大利亚州首府帕斯及附近区域）拥有西澳洲 90%的电力市场，并实现了发电、输配电和零售环节的分开，但输配电领域仍然没有分离。西澳的其他区域及北领地尚未实现发电、输电、配电、售电的分离。

澳大利亚国家电力市场在国家电力法的框架下，由澳大利亚能源市场委员会（Australian Energy Market Commission，AEMC）、能源和资源常务理事会（Standing Council on Energy and Resources，SCER）及澳大利亚能源监管局（Australian Energy Regulator，AER）实施监管，由澳大利亚能源市场运营有限公司（Australian Energy Market Operator Limited，AEMO）负责电力系统和市场运营管理。

8.2 电力市场化改革总体历程

澳大利亚电力工业从初期的私人办电发展到政府（联邦各州）大规模投资办电，逐步形成了各州政府拥有电力资产，发电、输电、配电由政府公司垂直一体化管理的电力体制，各州针对各自实际需求和社会经济发展水平制订各自的电网发展规划，输电网电压等级也各不相同。澳大利亚州与州之间基本上不存在相互竞争，电力市场处于一种州割据的垄断状态。这种垄断状态导致了电力工业的效率低下和服务质量欠佳，不仅使州政府的大量投资难以收回，债台高筑，财政捉襟见肘，而且在一定程度上损害了消费者的利益，引起了消费者的不满。

为了从根本上解除资金不足与债务沉重的压力，同时最大限度地满足消费者的需要，1991 年，澳大利亚联邦政府开始着手进行电力工业改革，并首先在南部和东部省的电力市场实施引入竞争的改革试验。一方面，通过向非国有经济开放电力市场，进入非国有资本，实行股份制改造，以促进竞争机制的形成；另一方面，努力创造公平竞争环境，鼓励电力行业内部各种所有制企业之间展开竞争，在保证正常供电的前提下，促进经济效益和服务质量的不断提高。

与其他欧美国家不同的是，澳大利亚的电力改革是在全国范围和各州两个层面同时进行的，目的是在发电和售电侧引入竞争机制，允许私营电厂、国有公司及公有、私有用户在更大范围内进行公开交易。1993 年，维多利亚电网发电、输电、配电进行分离；1994 年，维多利亚电力联合运行中心成立；1996 年，新南威尔士州电力市场建立；1997 年，以上两个市场合并为初期阶段的国家电力市场；1998 年 12 月，国家电力市场建立。截止目前，澳大利亚电力市场主要由以下 3 部分组成：

（1）覆盖澳大利亚东部昆士兰州、新南威尔士州（含首都领地）、维多利亚州、南澳大利亚州和塔斯马尼亚州，占全国用电量90%的国家电力市场（NEM），发电、输电、配电、售电各个环节全面分开，发电采用竞价上网，售电通过市场竞争售电，输配电实行政府监管定价。

（2）位于西澳州的西南互联系统，发电、输配电和售电分开，输配电一体化运营。

（3）西澳州的西北互联系统和人口密度较低地区（含北部领地）的独立单电源点的小系统，尚未实施市场化改革。

8.3 电力行业结构现状

8.3.1 电力工业基本情况

目前，澳大利亚除北部特区与西澳大利亚之外，其他各州已将发电、输电、配电、售电分开，形成了发电、售电环节竞争，输配电环节政府定价，公司化运营的管理体制。澳大利亚能源市场运营机构（AEMO）负责国家电力市场的运营。

国家电力市场中有200多家大型发电企业、8家输电公司、13家配电企业。其中，大约2/3的发电企业是国有或国有控股的，主要集中在昆士兰、新南威尔士、塔斯马尼亚各州，私有的发电资产主要分布在维多利亚和南澳两个州。输电网和配电网主要为各州政府所有，但是维多利亚和南澳的输电网和配电网已经进行了私有化，首都特区的配电网是政府和私有企业各占50%的股份。澳大利亚电力市场结构如图8-1所示[1]。

[1] 数据来源：彭博新能源财经。

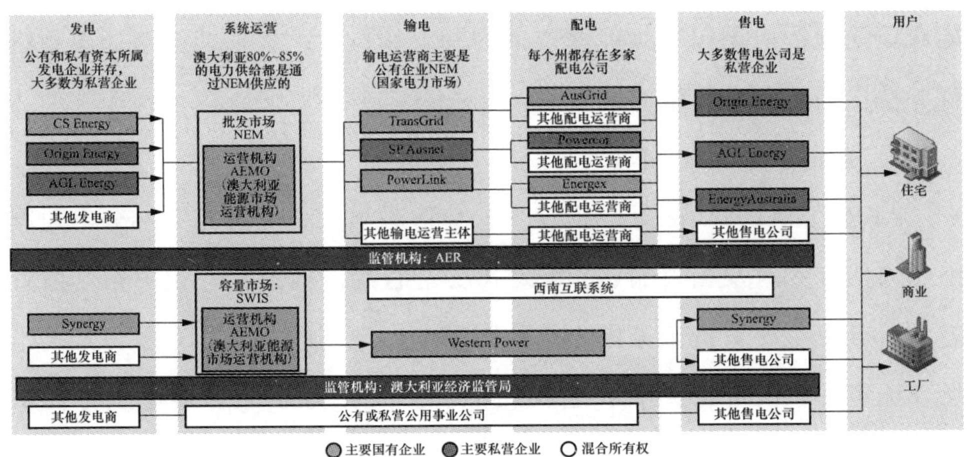

图 8-1　澳大利亚电力市场结构

8.3.2　电力监管机构

澳大利亚现在的电力体制改革彻底、市场化程度高，电力市场在国家电力法的框架下，由澳大利亚能源市场委员会（AEMC）、能源和资源常务理事会（SCER），能源监管局（AER）以及争与消费者委员会（ACCC）实施监管，由澳大利亚能源市场运营机构（AEMO）负责包括电力、天然气等能源相关系统和市场运营管理。

1. 能源市场委员会（AEMC）

AEMC 主要负责电力市场规则制定和市场发展，其主要职能是监管市场参与者；在 SCER 的授权下，制定或修改包括市场准入程序在内的电力和天然气行业市场的法规；制定和修改与其职权范围有关法律法规的实施细则；评估市场发展状况，并提出完善和发展市场的建议。

2. 能源和资源常务理事会（SCER）

SCER 是澳大利亚政务院（COAG）的下属机构，负责研究并提出澳大利亚全国层面的能源发展战略和规划以及实施战略和规划所需要解决的政策问题；协调国家级能源政策的制定和执行；评估能源市场改革进程并提出调整改革政策的建议等。

3. 能源监管局（AER）

AER 在 AEMC 的行政指导下，负责对澳大利亚国内大部分电力网络和天然气管道及相关输送和配送服务进行经济监管。在电力市场监管方面，AER 主要负责国家电力法和国家电力规则的实施和对电力批发市场及输电网络的经济监管，包括按照收入上限方法监管输电服务提供商的收入水平；监控国家电力批发市场的运行；监控国家电力法、国家电力规则和国家电力监管办法的执行情况；调查违反和可能违反电力法、电力规则和监管办法的行为；对相关市场成员提起和进行法律诉讼；对输电网络提供商制定服务标准；制定与输电服务有关的商业运营指导意见。

4. 竞争与消费者委员会（ACCC）

ACCC 负责保证《竞争和消费者法 2010》的执行，监督反垄断、反不公平的市场行为，防止企业滥用垄断权力，维护消费者利益以及管理公司兼并事务等。

5. 澳大利亚能源市场运营机构（AEMO）

AEMO 由政府和相关电力企业按 60/40 的股比成立，履行电网调度和电力交易职能，其运营成本由市场参与者分担。作为电力系统运营商和市场运营商，负责预调度，短期和中期系统充裕性评估，提供供应量和预期电力储备水平的市场信息，以协助市场参与者做出适当的业务决策。

（1）系统及市场运营方面。两个互为备调的全国电力调度中心分别设在北悉尼和布里斯班，都配备了相同的调度通信和信息技术系统。

（2）规划设计方面。AEMO 每年发布行业年度报告和远期规划报告，供政府、投资者及利益相关方及时掌握有关信息，促进市场良性竞争，提高电网规划投资的科学性和有效性。

（3）能源发展方面。AEMO一方面逐步促进和加大可再生能源电源点接入国家电力市场规模，引导市场各方加大可再生能源的开发和利用；另一方面鼓励智能电表等先进技术在电力系统中的推广应用，进一步提高电网运行效率。

8.4 电力市场模式与运行情况

国家电力市场是澳大利亚主要用电区域，发电装机容量为5200万kW，服务900多万用户，最大用电负荷为3500万kW，年用电量为2000多亿kW·h，年交易额110多亿澳元。拥有200多家大型发电商、5个输电公司和3个州际互联公司、13个大型配电公司［其中维州澳网输电公司（AUSNET）兼营当地部分配电业务、塔州电网公司（TRANSNET）兼营本州全部配电业务］，电网横跨4500km。国家电力市场主体由发电商、售电商、输配电公司、大用户（购电商）、消费者（终端用户）和特殊成员组成。市场中主要参与者是发电商和售电商，输电公司和配电公司为网络服务商，通过现货市场和金融合约实现电力批发或零售交易。

澳大利亚国家电力市场允许各方自由参与竞争，公开透明地开展购售电批发，市场主体必须服从全国统一调控，以保证电力供应的安全性和可靠性。发电商把发出的电力卖给电力市场，通过输电公司传输电力，市场再把电力批发给售电商。售电商从电力市场批得电力，卖给大小终端用户，构成零售市场。在零售市场，用户可以自行选择售电商。终端的大用户也可以通过合约形式从电力市场的发电商直接购电，而不通过售电商。

8.4.1 发电市场

发电公司重组原则是要具有足够的生产能力，不足以对发电环节形成垄断，一个发电公司可以有多家发电厂，一个州可以有多家发电公司。凡总装机容量大于 3 万 kW 的电厂都要注册参与市场竞争。发电公司通过竞价向市场出售电力，跟市场参与者订立金融合同并向市场出售辅助服务。发电公司根据其发电容量及是否必须参与电力批发市场，分为 4 种类型。

（1）计划发电公司。即在同一地点的单机或机组群的总额定功率在 30MW 及以上的发电公司，必须按照澳大利亚能源市场运营机构（AEMO）的调度发电。

（2）非计划发电公司。即在同一地点的单机或机组群的总额定功率在 30MW 以下的发电公司，不需按照 AEMO 的调度发电。

（3）市场发电公司。即发电公司所发电量并不完全由一个本地零售商或位于同一网络接入点的消费者所购买，必须通过现货市场将其所发电量全部卖出。

（4）非市场发电公司。即发电公司所发电量完全由一个本地零售商或位于同一网络接入点的消费者所购买，无权从市场公司获得在其接入点所卖出电量的报酬。

8.4.2 输电市场

每州都有一家输电公司，主要负责输电网的规划设计、管理、运行调度和经营工作，但不能拥有发电厂和配电网。澳大利亚竞争与消费委员会（ACCC）和能源监管局（AER）负责输电公司的输电定价管理，每 5 年核定一次，输电公司每年都要按规定向 ACCC 提交年度报告。输电网纠纷由国家电力法规行政局（NECA）负责处理。

8.4.3 配电市场

澳大利亚配电公司既有从原有的一体化电力公司中分离出来的，也有原来就负责配电业务的，一州可以有多家。主要负责配电网的规划、设计、管理、运行和经营工作，申请管理表计的校验和计量，同时开拓为客户管理变电站和专用线的业务，部分配电公司还收购了当地的燃气输送管网，从事燃气供应业务。配电公司也可作零售商，但必须申请报批，完成登记注册的手续方可营业，且应与配电公司分设。配电公司的执照审批、配电网定价、年度审查、配电网络进入纠纷的处理等工作都由各州电力管制部门自己负责，配电公司要按规定向政府定期提交报告，包括月报、半年报告、年度报告。

8.4.4 售电市场

售电商在进入现货交易市场之前，须持有售电商许可证。售电商可自主决定售电电价的形式和售电合同的内容，自由参加电力批发市场和金融市场交易，在取消零售价格管制的地区可自主决定售电价格。售电商从电力批发市场中购电，然后零售给终端用户赚取差价。在电力金融市场中，售电商与发电商可根据双方协商确定的履约价格，签订长期或短期的双边交易合同（差价合约），也可以在政府批准的证券期货交易所进行期货交易。

售电公司的核心业务是购售电交易，通常还从事能效服务等相关增值服务。抢修维护、业扩报装等供电服务主要由配电公司提供。用户计费、收费、欠费催缴通常由售电公司负责，也可委托第三方机构；抄表、计量等业务按表计资产归属一般由配电公司负责，也有由售电商负责的。

各售电商之间主要通过降低电价和提高服务水平来争夺用户。从售电公司的零售电价来看，其结构大体上是分时电价和阶梯电价的结合，即在峰谷电价的基础上，对高峰时段的用电进一步实行阶梯电价。由于在用电高峰时段，发生电价尖峰的概率很高，这使得售电公司有很强的动力应用各种手段来减少用户在高峰时段用电。售电公司既要通过降低零售电价吸引用户，又要确保不会因为现货价格的波动导致亏损，这就需要售电公司具备很强的把握市场供需水平和控制成本的能力。另一个竞争手段就是通过提高服务水平吸引用户，包括根据用户的个性化需求向用户提供多样化的用电套餐；提供各种增值服务，如节能指导和代理用户的分布式电源并网等。

售电商除向电力市场按 48h 时间段变化的市场价购电外，也可以与发电商直接签订购电合约。合约由售电商（也可以是终端大用户）与发电商协商制定。合约的兑现方式是当合约价高于市场价时，售电商应把高于市场价的价差付给发电商；如果合约价低于市场价，发电商应把低于市场价的价差付给售电商。合约市场实际上是一种规避风险的方法。目前的主要大型售电商有 3 家：Origin，约占市场份额的 32%；AGL，约占市场份额的 27%；Energy Australia，约占市场份额的 22%。这些售电商同时也是发电商，在售电市场形成寡头垄断，对电力批发市场的波动具有自然对冲优势。

零售侧完全竞争是售电市场竞争的重要阶段，零售价格由市场竞争决定（没有商业、工业、居民等分类电价），可给予用户更广泛的选择权。2001 年以前零售价格受到各州政府严格管制。2002 年维多利亚州取消零售价格管制，近年来南澳州、新州等相继取消零售电价管制。昆士兰州政府承诺 2015 年 6 月之前取消东南部电价管制。

电力市场的风险除通过合约市场，订立双边套期合同，以控制现货市场交易中的财务风险外，还可以通过中介机构即中间商进行电力交易。有时发电商找不到售电商，可以通过中间商进行期货交易。通过银行作为中间商在发电与售电商之间作期货业务或作价格担保。按规定，中间经纪人需具有1000万澳元资产，并持有执照，才有资格充当中间商。一些金融机构已加入对电力市场的中介业务，开展市场价格保险，即对发电商与售电商实行价格担保，以减少发电商和售电商的经营风险。

8.4.5 清洁能源市场

澳大利亚政府对可再生能源项目投资本身没有优惠政策，可再生能源项目发出的电力也要在电力市场参与公开竞价上网。但为补贴风电等可再生能源项目的高成本，采取“新能源证书”（Renewable Energy Certificate）政策。销售证书获得的资金是可再生能源发电商除电价外的主要收入来源。

（1）可再生能源发电商通过新能源管理局（Clean Energy Regulator）注册，通过一套新能源证书系统，向符合标准的新能源单位或个人发行“新能源证书”。符合条件的新能源生产单位或个人，每发1MW·h新能源电力，即可获得1个“新能源证书”。

（2）按照澳大利亚政府关于鼓励清洁能源发展的相关规定，电力零售商对外销售的电量中，必须有一定比例（比例由政府确定，目前约为17%）的清洁能源。新能源管理局每年会设定新能源电量占国家能源总量比率的指标（Renewable Power Percentage，RPP），并根据该指标给电力零售商和部分发电厂设定指标上限，要求其每年上缴固定数量的“新能源证书”。电力零售商等必须向新能源发电单位或个人购买“新能源证书”，以满足监管要求。对于未能按照监管要求缴纳足量“新能源证书”的单位，新能源管理局强制要求其缴纳罚款（每少缴纳1个，罚款 65 澳元）。

（3）“新能源证书”可以自由交易，价格受市场供求关系决定，且单日的价格浮动就会很大。“新能源证书”在澳大利亚当地已经成为可单独交易的商品，其价格也是市场化的，并因不同时期、不同地区、可再生能源电量所占整个电量的不同比例而变化。目前该证书现货价格约为 3.975 澳分/（kW·h），期货价格约 5.0 澳分/（kW·h）。

澳大利亚的新能源发展目标主要有两个部分：

1）大规模新能源目标。即 2020 年要实现能源结构中有 20%的成分为新能源，主要指大型新能源发电厂（包括太阳能、风能、潮汐、地热、废木料、农业废料、甘蔗废料、造纸废料和沼气等 15 类发电厂）。

2）小规模新能源方案。主要指家装的太阳能发电板和太阳能热水器等。政府环境部为新能源战略提供政策支持，新能源管理局（Clean Energy Regulator）作为政府所属的专门机构，负责节能减排工作的具体落实。“新能源证书”极大地鼓励了新能源发电行业透支，促进了澳大利亚新能源目标的早日实现。

9 对我国电力市场建设的启示和借鉴

随着新一轮电力改革的深化推进，我国电力市场建设已取得显著进展，发用电计划放开比例持续提升，市场化交易规模不断扩大，大范围资源优化配置水平显著提高，现货市场试点逐步启动试运行，并将加速推进、全面推开。美国、欧洲、澳大利亚等电力市场虽有相对成熟的经验可以借鉴，但我国能源资源与负荷逆向分布、火电机组占比较高、清洁能源发展迅猛、计划与市场并存等国情特点，决定了我国市场化改革面临的环境比国外更为复杂，更需要加强顶层设计和统筹协调，立足国情开展理论和实践创新，为市场建设的顺利推进奠定良好的体制机制基础。

（1）建立有利于打破地域分割的电力市场体系和模式，促进大范围的电力交易和资源优化配置。

从国外经验来看，市场范围扩大会带来市场主体增多和供应增加，使竞争更加充分、配置资源的效率更高，也更有利于促进清洁能源充分消纳。近年来欧盟致力于通过完善市场规则、加强能源基础设施建设、实施市场耦合等手段，促进跨国能源合作和统一电力市场建设不断深化，2006 年以来，已陆续实现多国、多区域市场的联合交易，截至 2017 年 2 月，欧洲已实现日前市场耦合的国家共 23 个，约占欧洲电力消费总量的 85%。美国在资源大范围优化配置需求驱动下，建立了新英格兰（ISO-NE）、纽约（NYISO）、PJM、西南部（SPP）、得克萨斯（ERCOT）、加州（CAISO）和中西部（MISO）7个有组织的区域电力市场，促进跨地区资源统一优化。

我国能源生产和消费逆向分布的特征及东中部严重的雾霾问题，决定了保障能源清洁绿色发展和大规模消纳，必须通过建设大电网、依托全国电力市场来解决。然而目前行政干预问题突出、跨区跨省电网建设滞后、网源发展不协调，制约了全国电力市场建设和资源的充分、高效配置。未来在电力市场建设过程中，需要充分发挥市场机制作用，减少地方政府的行政干预，促进电力资源大范围优化配置，具体可采取如下措施：

1）在交易空间方面，逐步放开省间发用电计划，扩大市场化交易空间。

2）在参与主体方面，进一步放开用户选择权，允许用户参与省间购电，通过组织开展省间发电权交易、省间辅助服务交易等方式，建立发电侧的激励机制，对受端利益受损的发电机组进行补偿。

3）在政府意愿方面，探索建立省间交易利益补偿机制，省间交易产生的红利由送受端省协商（或者按照强制比例）分配，提升政府接纳省间送受电的积极性。

4）在政策引导方面，进一步加强规划协调、科学监管和政策引导，提高电源和电网规划的统一协调性，完善可再生能源目标引导制度，将清洁能源输出省对外输送清洁能源电量计入受端省清洁能源消费量，提升清洁能源大范围消纳的积极性。

（2）充分考虑能源转型升级需要，通过市场机制促进新能源充分消纳和大规模发展。

近年来，全球电力系统结构面临深刻调整，可再生能源占比持续增大，对电力市场建设提出新的要求。可再生能源作为低碳环保能源，发展初期技术经济性不如传统能源，面临着如何与常规电源进行竞争、如何收回投资等挑战。从国外经验来看，各国一般通过建立政府补贴与市场竞争相结合的机制，使得可再生能源可以部分参与市场竞争，并通过竞争促进运行效率的提升。采取的激励措施主要包括固定电价可再生能源配额、绿色电量认购、溢价电价制度等。同时，新能源的发电特性要求充足的调峰、调频和辅助服务资源与之配合。国外在大力发展新能源发电的同时，注重灵活调节电源的建设，建立完善的调峰、调频及辅助服务的市场机制。

随着我国新能源的快速发展，我国新能源全额收购加固定电价的模式面临新能源本地消纳困难、跨区跨省输送存在壁垒、系统调节能力不足、补贴缺口日益增大等挑战。在我国新一轮电力体制改革环境下，适时完善清洁能源价格补贴机制，推动清洁能源积极参与电力市场，是我国清洁能源实现更大规模发展的必要选择。近期，在新能源全额保障收购制度背景下，在省市场继续执行全额收购，在省间市场通过中长期交易促进新能源大范围消纳，建立非水可再生能源强制配额制，提高各地区接纳新能源的积极性。中远期，随着现货市场的建立，可逐步推动新能源参与现货市场，通过市场竞争促进新能源提高发电预测精度，通过新能源与火电在实时市场同台竞价实现电力平衡，利用新能源边际成本低的优势，通过市场竞争实现新能源优先消纳。此外，在进行现货电能量市场设计时，需要对辅助服务市场的开展方式予以考虑，在初期可根据市场建设进展和系统运行需要开展独立的辅助服务市场，待现货电能量市场运行稳健后，逐步实现调频、备用等辅助服务与电能量的联合优化出清，充分调动灵活性资源潜力，提高市场出清效率，优化系统运行方式。

（3）逐步建立完善发电容量市场、投资招标、电网发展激励等机制，保障电力基础设施的有序建设和投资充裕。

由于电源项目建设周期长，电力市场价格信号很难引导充裕的发电容量。近年来，随着风电和光伏发电的大规模发展，其发电间歇性、不确定性等特点，对系统备用容量和辅助服务电源提出较高需求，但在可再生能源发电优先调度和价格激励的情况下，传统备用电源利用率不断降低，系统运行安全和发电充裕度面临挑战。此外，欧美国家的电力基础设施也已经进入了大规模退役期，需要大量投资用于基础设施的升级改造。但是，由于现有的市场设计以及监管制度和投资激励机制不足，一些国家已开始对市场机制和监管措施进行调整。英国正在实施新一轮电力市场化改革，建立容量市场促进电源投资是其中一项重要内容，容量市场由政府负责政策制定和关键参数设定，英国国家电网公司负责容量拍卖，新建和已有电源、需求侧资源、储能设施均可参加。德国建立了战略容量机制，通过招标的方式与发电机组签订合同，相关机组由调度/市场运营机构在紧急时段进行调用，以应对电力市场化改革及核电机组逐步淘汰所带来的电力供应风险。欧盟提出到 2020 年所有成员国跨国输电能力至少占本国发电容量的 10%，2030 年达到 15%的目标，并持续加大资金支持力度、加强重点项目的规划与监管，推进跨国电网建设和升级改造。

我国经济和电力需求将在一段时间内保持较快增长，如何保证电力投资是电力市场建设中必须考虑的一个问题。从电力市场的基本理论和国外实践来看，单一电能市场不能提供充分的投资激励，我国市场建设应考虑逐步探索建立发电容量市场、投资招标等机制，以引导电源长期投资，确保发电容量充裕度。在电网环节，应充分发挥统一规划对电网基础设施的引导和调控作用，对电网电价的监管要统筹考虑保障安全可靠供电、可再生能源消纳、普遍服务、智能电网等新技术发展的需求，并逐步探索建立激励型监管方式，以促进电网科技创新和能源低碳转型。

（4）加快推进电力现货市场建设，适时开展电力金融交易，共同构建完整电力市场体系。

世界上成熟电力市场的发展经验表明，电力金融市场是完整电力市场体系的重要组成部分，有助于发现电力的真实价格、增强市场的流动性，同时能够为市场参与者提供风险管理工具，保障市场平稳有序运行。美国电力金融市场的建设与电力现货市场的建设基本同期开展，除直接在交易所进行交易的标准化金融商品（期货、期权等）外，美国电力金融市场目前还允许进行金融输电权、虚拟投标、差价合约的交易，这 3 类金融产品依托于电力现货市场的电价，需要通过独立系统运营机构（Independent System Operator，ISO）等机构进行交易。英国在早期电力库（POOL）模式下即引入差价合约作为市场成员规避价格波动风险的工具，近期又在新一轮电力改革中提出对低碳能源实行政府定价、以差价合约参与市场的机制，由英国政府确定各类低碳电源的合同价格（Strike Price）并设立相应机构，与发电商签订差价合同，确保低碳能源在参与市场竞争中仍能以合同价格获得收入。澳大利亚为市场主体提供规避实时电价风险的金融产品，主要包括（单向）高价补偿合约、（双向）差价互补合约等。

我国目前尚处于电力市场建设起步阶段，主要开展中长期电能交易和现货电力市场试点。随着市场交易电量占比持续增加，电力交易合同的物理执行在日前、日内面临的偏差调整压力较大。同时，随着电力现货市场试点的推进，市场主体面临较大的经营风险。因此，我国部分地区已开始探索“中长期差价合约＋全电量现货竞争”的集中式市场交易模式。未来考虑进一步促进资源优化配置、充分消纳可再生能源、防范市场风险、增强市场活力等要求，需要逐步丰富交易品种，尽快建立健全包含电能市场、辅助服务市场、金融市场等在内的多元化市场体系。

我国《关于进一步深化电力体制改革的若干意见》（中发9号文）明确要求“加快构建有效竞争的市场结构和市场体系，形成主要由市场决定能源价格的机制”，并提出“待条件成熟时，探索开展电力期货和电力场外衍生品交易，为发电企业、售电主体和用户提供远期价格基准和风险管理手段”。借鉴国外电力金融市场的交易规则，我国需结合电力现货市场的建设进度，提前做好电力金融市场制度的研究与制定工作，通过金融市场和现货市场相结合，促进发现电力的真实价格、促进市场公平竞争和稳定运行。

（5）充分利用需求侧、储能等资源，通过市场建设引导商业模式和业务模式创新。

当前，面对全球能源变革的新形势和挑战，国外电力市场逐渐加大需求侧、储能等资源参与市场机制的建设力度。美国制定了《需求侧响应机制国家实施方案》，并根据各州实施需求侧管理的实际情况建立了多样化的需求侧管理运作机制，近年来区域电力市场中参与需求侧响应的负荷容量不断上升，发挥了延缓发电容量投资、保障系统安全稳定运行等重要作用；2018年FERC正式出台法令，明确要求所有电力市场运营机构充分考虑储能资源的物理运行特性，研究制定储能参与电力市场的相关规则，消除储能资源参与市场的障碍。日本福岛核事故之后产生了电力不足、计划停电等问题，新一轮电力改革思路提出建立有效的市场激励机制，在电力供需紧张时期引导用户避峰、错峰用电，构建需求侧参与管理的下一代智能电力系统。2014年10月，欧盟委员会提出了到2030年至少提升能效27%的目标，围绕这一目标，欧盟正在进一步完善市场机制设计，以促进能效和需求侧资源在市场中与发电资源平等竞争。

我国新一轮电力市场化改革实施3年来，用户选择权逐步放开，独立配售电公司加快组建，为需求侧参与市场提供了体制机制基本条件。

同时，随着新能源的大规模开发利用，对电力系统的安全稳定和供需平衡提出了更高挑战，迫切需要进一步破除体制机制障碍，依托智能电网的物理基础，通过大数据、互联网、信息通信等技术的深度融合，充分利用市场手段激励用户侧、储能资源参与市场的积极性，为电力系统提供灵活双向互动和调节市场平衡的能力，提高市场运行的稳定性和经济性。一方面，加快建立需求响应机制，引导灵活需求侧资源参与新能源消纳，优化可中断电价政策，健全用户侧峰谷电价政策，改善负荷特性，激励用户参与市场的积极性；另一方面，加强政策引导和顶层设计，推动建立考虑储能资源参与的市场机制，通过允许其参与电能、辅助服务与容量交易，促进储能行业健康快速发展，为电网运行和可再生能源消纳提供保障；同时，通过市场手段鼓励和引导市场主体加快转型升级、积极开展技术和商业模式创新。

（6）同步完善监管体系，并建立健全信息披露、运行评价、风险防范等配套机制，保障电力市场有序运营。

电力市场建设是一项较为复杂的系统性工程，在开展市场顶层设计、完善市场规则、培育市场主体的同时，需要同步从加强监管、完善信息披露、加强风险防范、开展动态评估等多方面做好充足准备。国外电力市场普遍建立了健全的电力监管体系，并通过完善的法律法规保障政府监管的有力执行。美国建立了包含联邦和州两级的监管体系，并由独立电力市场监管机构（Independent Market Monitor，IMM）对市场进行监测和统计分析，发挥了实时监测批发电力市场运行情况、防范滥用市场力和市场操纵行为的重要作用。独立市场运营机构需要按照监管机构有关规定，及时准确地向市场主体发布电网运行、市场交易、电力供需等相关信息。欧盟由 ACER 与欧洲联盟委员会、国家监管当局和其他有关组织密切合作，对市场进行监测和统计分析，编制年度市场监管报告，并依托欧洲输电运营商联盟（ENTSO-E）建立了统一信息发布平台（Transparency Platform），对供需平衡、电网阻塞与运行情况等相关信息进行发布。

随着我国新一轮电力市场化改革的不断深化，迫切需要进一步完善市场监管机制，强化监管能力建设，健全监管法规体系，对市场主体行使市场力、操纵市场、违反市场规则等情况实施监管，维护良好的市场秩序和公正性。同时，尽快建立健全市场信息披露机制，按照公正性、透明性、选择性、时效性等原则对电力市场信息进行披露，包括交易规则、交易公告、通道可用容量、相关市场成交信息等，引导市场主体主动、有效参与市场，体现市场的公开、公平和公正。随着第一批现货市场试点陆续进入试运行阶段，可从市场运行效率、市场活跃度、社会福利增加、清洁能源消纳等多个角度对市场运作情况进行全方位评估，及时总结试点经验，不断完善市场规则，并超前做好市场风险的防控，针对市场供需紧张、市场力滥用、价格波动、合同违约等各类风险提出应对措施，适时引入寡头测试等手段，为市场主体提供规避价格风险、防范市场力的工具。

参考文献

[1] 王宣元，马莉，曲昊源. 美国得克萨斯州风电消纳的市场运行机制及启示 [J]. 中国电力，2017，50（7）：10-18.

[2]李竹，庞博，李国栋，等. 欧洲统一电力市场建设及对中国电力市场模式的启示[J]. 电力系统自动化，2017，41（24）：2-9.

[3] 史连军，周琳，庞博，等. 中国促进清洁能源消纳的市场机制设计思路 [J]. 电力系统自动化，2017，41（24）：83-89.

[4] 马莉，范孟华，郭磊，等. 国外电力市场最新发展动向及其启示 [J]. 电力系统自动化，2014，38（13）：1-9.

[5] 杨素，马莉，武泽辰，等. 日本售电侧市场放开的最新进展及启示 [J]. 南方电网技术，2018，12（04）：56-59.

[6] 国网能源研究院有限公司. 国内外电力市场化改革分析报告. 2018. 北京：中国电力出版社，2018.

[7] 国网能源研究院有限公司. 国内外电力市场化改革分析报告. 2017. 北京：中国电力出版社，2017.

[8] 国网能源研究院. 国外电力市场化改革分析报告. 2016. 北京：中国电力出版社，2016.